# KREUZSTICH
*Beliebte Kindermotive*

*Gabriele Jepsen*

# KREUZSTICH

## *Beliebte Kindermotive*

ENGLISCH VERLAG

Die Deutsche Bibliothek – CIP-Einheitsaufnahme
**Kreuzstich: beliebte Kindermotive /**
Gabriele Jepsen. – Wiesbaden: Englisch, 1995
ISBN 3-8241-0600-0


ISBN 3-8241-0600-0
Fotos Axel Weber
Printed in Spain

# Inhaltsverzeichnis

**Vorwort** **7**

**Einleitung** **8**
Material 8
Sticktechniken 8
Passepartouts und Glückwunschkarten 9

**Kinderbilder** **10**
Phantasia 10
Geburtstagsmemo 12
Geburtstagskalender 15
Benny 17
Teddy 19
Zirkuszug 20
Schlaraffenland 22
Labyrinth 24
Akrobat schööön 26
Ballakrobatik 28

**Lernbilder** **30**
ABC 30
Zähl mit 33
Rate die Form 35

**Tierbilder** **37**
Leo, der Löwe 37
Yeti, der Eisbär 38
Lora, der Papagei 39
Miki, das Stinktier 40
Goldi, der Fisch 41
Oscar, der Otter 42
Billy, der Braunbär 43
Frosti, der Pinguin 44
Wanda, die Giraffe 45
Marie, der Marienkäfer 46
Elsa, die Elefantendame 47

**Schweinegeschichten** **49**
Flaschenkinder 49
Auf der Wippe 50
Unter der Dusche 52

**Borten** **53**
Schildkrötenausflug 53
Oldtimertreffen 54
Strichmännchen 55
Luftballons 56
Froschkönig 57
Goldene Gans 59

**Schleifen** 60
Schleifenherstellung 60
Sonnenblume 61
Marienkäfer 62
Glockenblume 63
Schmetterling 64

# Vorwort

Der Kreuzstich gehört wohl zu den beliebtesten Stickstichen der heutigen Zeit.
Seine Ausführung ist zwar nicht schwer, doch auch nicht unbedingt die einfachste oder schnellste aller Sticharten. Trotzdem „verfallen" immer mehr Sticker/innen dem „Kreuzstichfieber". Worin liegt also der Grund?
Jedermann kann mit dem Kreuzstich eine unnachahmliche und akkurate Handarbeit schaffen.
Sie werden mit einer Stickerei immer eine Kostbarkeit arbeiten, die die Beschenkten später stolz sagen läßt: Das hat meine Mutter/Tante/Oma/Freundin mal für mich gemacht. Stolz - denn eine Stickerei ist nicht nur ein nettes Geschenk, sondern zeigt auch eine besondere Zuneigung.
Vielleicht fragen Sie sich, ob gerade Kinder diese Art der Handarbeit zu schätzen wissen oder sich dafür interessieren. Ich antworte darauf mit einem klaren „Ja".
Natürlich ist ein Papierbild schneller zuzuschneiden, als sich ein Stickmotiv sticken läßt. Ich habe aber die persönliche Erfahrung gemacht, daß Kinder sehr neugierig schauen, was da unter meinen Händen wächst. Oft habe ich Ausrufe wie „... das wird ja eine Maus!" und „Wetten, daß das ein Tyrannosaurus rex wird?" oder „Das machst Du doch für mich?" gehört. Für Kinder ist diese Handarbeit wie ein Puzzle. Noch drei Stiche – und das Motiv ist zu erkennen.
Kurzum: Durch das für Kinder verhältnismäßig langsame Entstehen des Bildes wird das Interesse geweckt und die spätere Wertschätzung nach dem Motto „Endlich ist es fertig, jetzt endlich ist es meins" begründet.
Um damit aber nicht etwa einen Schlußpunkt zu setzen, habe ich mich bemüht, Motive zu entwerfen, die die Phantasie der Kinder besonders fordern, und zum Geschichtenerfinden, zum Spielen, zum Nachdenken und zum Lernen anregen.
Nach Fertigstellung des Phantasiaturms beispielsweise suchte ich einen schönen Namen für das Motiv und fragte meine Kinder und Freunde. Von jedem bekam ich eine andere Antwort. Jeder sah etwas anderes. Das trieb mich fast zur Verzweiflung, denn ich konnte mich nicht entscheiden.
Irgendwann fing ich dann an, über mich selbst zu lachen. Es war genau das eingetreten, was ich anfangs erhofft hatte: Keine Grenzen für die Phantasie. So blieb es bei „Phantasia" und ich hoffe, daß noch viele neue Namen erfunden werden.
In diesem Sinne wünsche ich Ihnen viel Spaß beim Sticken und viele „phantasierende" Betrachter der von Ihnen geschaffenen Kostbarkeiten.

Ihre
*Gabriele Jepsen*

# Einleitung

## Material

In den einzelnen Arbeitsanweisungen finden Sie die jeweiligen Stoffbezeichnungen. Die Größenangaben des Motivs beziehen sich auf diese Stoffbeschaffenheit. Verwenden Sie einen andersfädigen Stoff, ändert sich damit auch die Bildgröße. Besonders empfehlen möchte ich die AIDA-Stoffe. Sie sind waffelförmig gewebt. Es entfällt für den/die Sticker/in das Zählen der einzelnen Fäden, ein Kästchen der Stickschrift entspricht einem Stoffkästchen. Durch die relative Feste des Materials erhält das Motiv zudem ein sehr ebenmäßiges Aussehen.

Die Stickgarnfarben sind für die Garne Anchor Sticktwist von Coats Mez, 79337 Kenzingen, angegeben; die Stoffe sind von der Firma Zweigart & Sawitzki, 71043 Sindelfingen.

## Sticktechniken

Für das gute Gelingen einer Kreuzsticharbeit benötigen Sie einmal eine stumpfe Sticknadel und Sticktwist, zum anderen einen Zählstoff, dessen Senkrecht- und Querfäden gleicher Anzahl ein Quadrat ergeben. Arbeiten Sie sich Reihe für Reihe nach Stickschrift vor. Der Grundstich wird von links unten nach rechts oben ausgeführt:

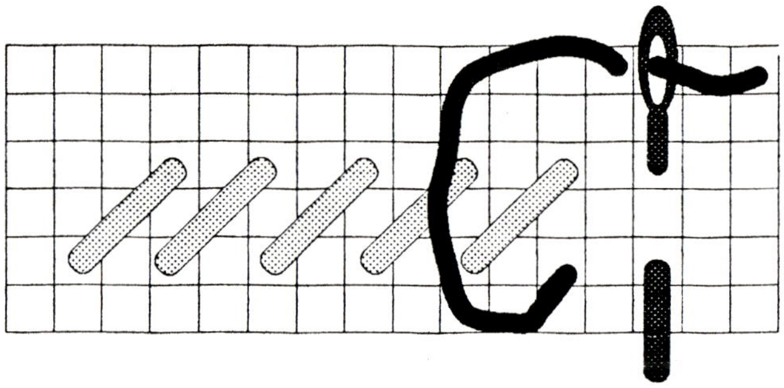

In der Rückreihe werden die Deckstiche von rechts unten nach links oben gearbeitet:

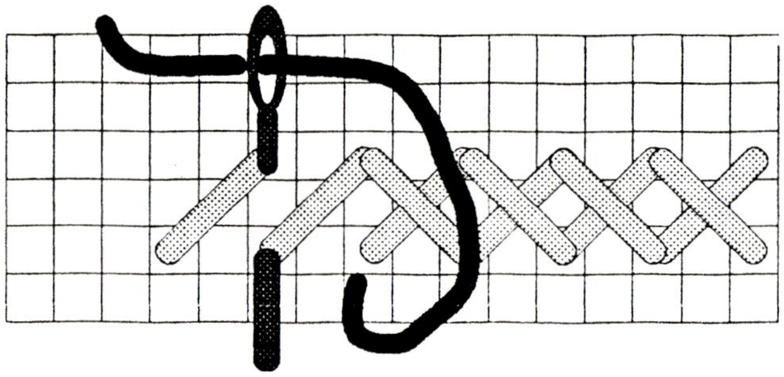

Bei senkrechten Reihen wird jedes Kreuz einzeln gestickt.

Die Fadenenden werden vernäht. Knoten sehen nicht nur auf der Rückseite schlecht aus, sie drücken sich auch durch und lassen die Fadenenden durchscheinen. Ich empfehle, zweifädig zu sticken. Das Motiv erhält ein feineres Aussehen, und es erleichtert außerdem die Arbeit.

Bei vielen der nachfolgenden Motive wurde zusätzlich der Steppstich angewandt. Dieser Stich eignet sich sehr gut für Konturen oder zur Heraushebung von Einzelheiten.
Arbeiten Sie den Steppstich von rechts nach links über jeweils 2 Gewebefäden:

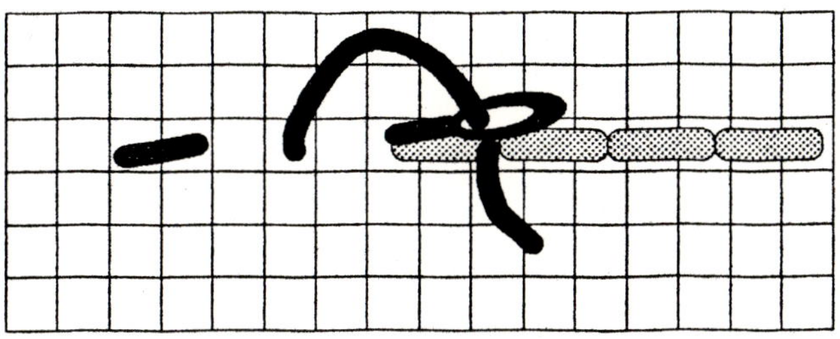

# Passepartouts und Glückwunschkarten

Sie benötigen Tonpapier in der gewünschten Farbe, Lineal, Bastelmesser, Bleistift und eine feste Unterlage (z. B. Hartfaserplatte, Sperrholzplatte).
Nehmen Sie die (geschliffene) Glasplatte Ihres Bilderrahmens und legen Sie sie auf das Tonpapier. Nun schneiden Sie mit dem Bastelmesser an den Kanten entlang.
Jetzt kommt eine kleine Rechenaufgabe auf Sie zu:
Seitenlänge des Passepartouts
minus Seitenlänge des Stickbildes
= Summe
geteilt durch 2
= Randbreite
Zeichnen Sie sich nach diesem Prinzip den Bildausschnitt auf. Zum Ausschneiden nehmen Sie wieder die Glasplatte zur Hilfe.
Zur Herstellung einer Karte brauchen Sie zusätzlich einen Klebestift:

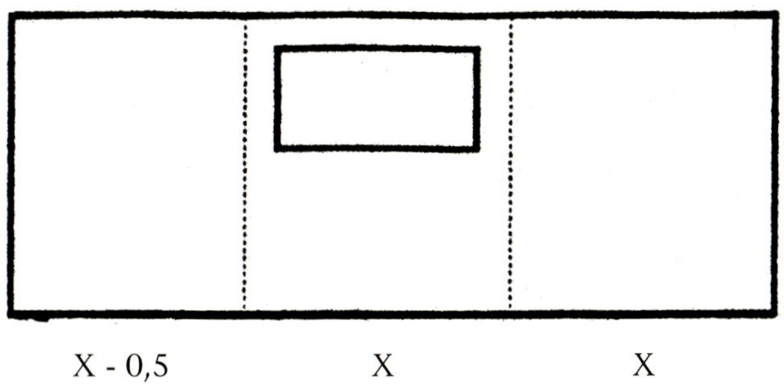


Mittlere und rechte Seite (x) werden gleich groß abgemessen, das linke Drittel (x – 0,5) um 0,5 cm kürzer. An den bezeichneten Stellen knicken. Der Bildausschnitt wird wie beim Passepartout aus dem mittleren Drittel herausgetrennt. Passen Sie nun Ihr Motiv ein und fixieren Sie es mit etwas Klebstoff. Zum Schluß verteilen Sie mit Ausnahme des Bildausschnitts Klebstoff großflächig auf dem linken Drittel und klappen es um. Fertig!

# Kinderbilder

## Phantasia

Die warmen bunten Farben des Phantasiaturms wirken auf groß und klein sehr ansprechend und phantasieanregend. Ich bin richtig neugierig, wie Sie oder Ihre Kinder dieses Motiv benennen werden. Sehen Sie in ihm einen Zwergenturm? Oder eine Wichtelstadt? Oder eine Käferburg?
Da bereits viele Namen und auch Geschichten erfunden wurden, hielt ich die Überschrift „Phantasia“ am zutreffendsten und hoffe, auch Ihre Phantasie mit diesem Bild anzuregen.
Durch die aufeinander abgestimmten Pastellfarben ist die Wirkung ähnlich der eines Aquarellbildes: Mit ein bißchen Abstand zum Motiv kommt es am besten zur Geltung. Natürlich könnten die einzelnen Farbpartien auch einfädig mit schwarzem Steppstich umrandet werden. Ich habe aber bewußt darauf verzichtet, um den Farben nicht die „Weichheit“ zu nehmen.
Lassen Sie sich nicht von der Vielzahl der Garne abschrecken. Bauen Sie mit Ihrer Sticknadel Haus für Haus. Die Farbwechsel sind sehr übersichtlich, denn die verschiedenen Häuserzeilen sind jeweils mit erstaunlich wenigen Garnen gearbeitet. Da der Steppstich nur bei dem Marienkäfer und den Schmetterlingen angewandt wird, sind in der Stickschrift zur weiteren Unterstützung alle Farbfelder mit einer Linie umrandet, soweit ich es aus übersichtlichen Gründen für erforderlich hielt.
Als Passepartoutfarbe empfehle ich ebenfalls einen Pastellton. Da viele Farben in dem Motiv vertreten sind, haben Sie praktisch freie Auswahl und können sich nach Ihren Wohnfarben richten.
Auch auf Stern-Aida (5,5 Kästchen = 1 cm) sieht das Motiv sehr gut aus. Die Gesamtgröße ändert sich bei diesem Stoff auf 24,4 x 20,6 cm.
Fertigmaß: 19,2 x 16,2 cm
Material: 26 cm x 20 cm weißes Feinaida (7 Kästchen = 1 cm) und Sticktwist in den Farben Goldgelb, Grün, Rot, Dunkelblau, Anthrazit, Weiß, Lila, Jeansblau, Lila (dunkel), Rosa, Türkis (dunkel), Arktisblau, Hellrosa, Bleu, Grün, Hellgelb, Türkis (hell), Grau, Hellgrün, Flieder (hell), Flieder (dunkel) und Hellblau.
Arbeiten Sie nach Stickschrift zweifädig über je 1 Gewebekästchen im Kreuzstich. Die Umrandung und die innere Kontur des Marienkäfers steppen Sie in Anthrazit, die der Schmetterlinge in Lila.

Zeichenerklärung:

| | | |
|---|---|---|
| I u. 1 | = | goldgelb |
| 2 | = | grün |
| x | = | rot |
| ❊ | = | dunkelblau |
| s | = | anthrazit |
| ❑ | = | weiß |
| ● u. 3 | = | lila |
| ✪ u. 4 | = | jeansblau |
| ▼ u. 5 | = | lila (dunkel) |
| 6 | = | rosa |
| ❍ | = | türkis (dunkel) |
| 7 | = | arktisblau |
| 8 | = | hellrosa |
| ▌ u. 9 | = | bleu |
| 10 | = | grün |
| ■ u. 11 | = | hellgelb |
| ◗ u. 12 | = | türkis (hell) |
| ▲ u. 13 | = | grau |
| ❁ u. 14 | = | hellgrün |
| ◆ u. 16 | = | flieder (hell) |
| ▌ u. 17 | = | flieder (dunkel) |
| ⇠ u. 18 | = | hellblau |

22:22
MARIE CHRISTIN
57
cm
20.02.90
3620 g

# Geburtstagsmemo

Mit diesem Bild schaffen Sie eine bleibende Erinnerung. Das Äffchen zeigt auf den Namen und das Geburtsdatum des Kindes; die Giraffen stehen – wegen ihres langen Halses – für die Größe; der Elefant für das Gewicht; Sonne und Mond erinnern an die Geburtszeit.
Wahrscheinlich werden Sie zehn Jahre nach dem Sticken des Bildes kopfschüttelnd davorstehen und bei der dann gegenwärtigen Kleidergröße Ihres Kindes sagen: Meine Güte – ist die Zeit vergangen. Trösten Sie sich damit, daß schon Ihre Eltern, Ihre Großeltern, Ihre Urgroßeltern usw. wahrscheinlich den gleichen Satz sagten.
Den Kindern zeigen Sie mit diesem Memorandum, wie wichtig und schön das Ereignis ihrer Geburt für Sie war. Und vielleicht können Sie den zitierten, sich ewig wiederholenden Satz besser verstehen.

Obwohl das Bild sehr farbig wirkt, benötigen Sie übrigens nur fünf Farben.
Sollte Ihnen bei einem Jungen der Elefant zu rosa sein, tauschen Sie seine Farbe einfach mit der des Affen aus.
Fertigmaß: 25 cm x 19,5 cm
Material: 31 x 25,5 cm weißes 10er Leinen (10 Gewebefäden = 1 cm) und Sticktwist in den Farben Hellgelb, Anthrazit, Flieder (hell), Türkis und Lila.
Arbeiten Sie nach Stickschrift zweifädig über 2 x 2 Gewebefäden im Kreuzstich. Für den eingezeichneten Steppstich (dicke Linie) brauchen Sie folgende Farben: Lila für die Umrandung und die Konturen des Elefanten, Anthrazit für die äußere Umrandung der gelben Giraffenfarbfelder, für die Schmetterlinge sowie für die Umrandung und Konturen des Affen.

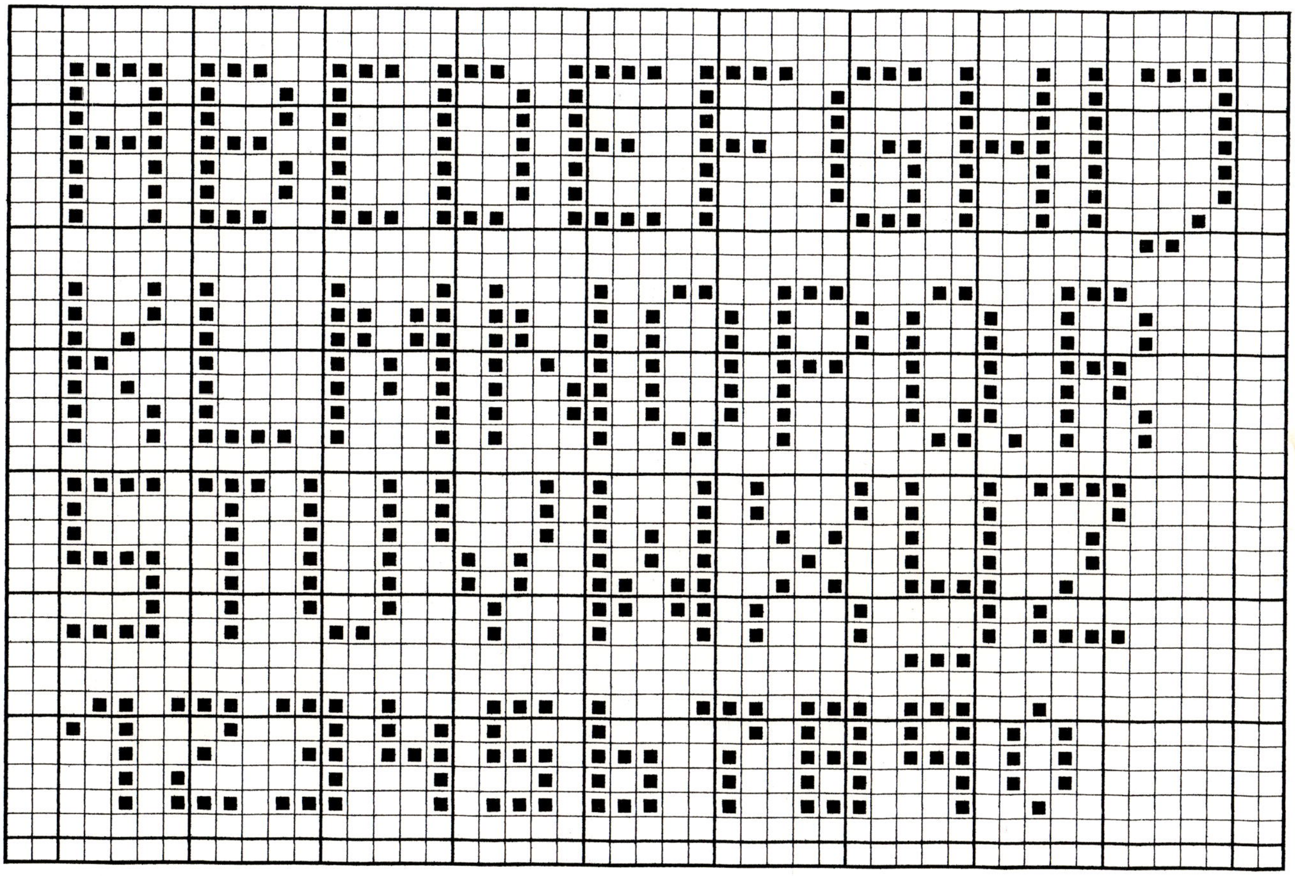

Zeichenerklärung:
1 u. ❏ = hellgelb
2 u. ■ = anthrazit
3 u. ◆ = flieder (hell)
I = türkis
● = lila

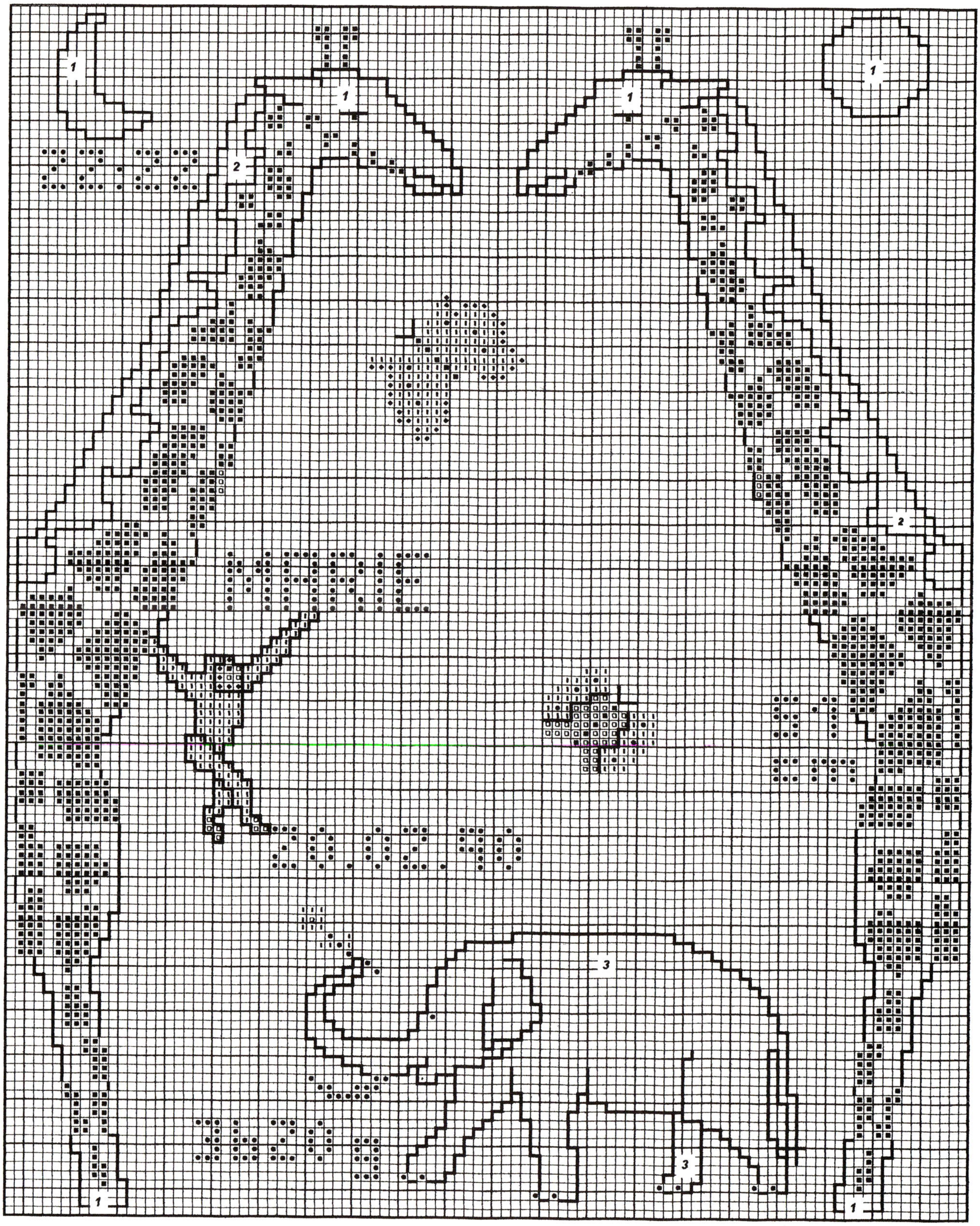
1
1
1
1
2
2
3
3
1
1

# Geburtstagskalender

Endlich eine hilfreiche Übersicht für Kinder – sogar wenn sie noch nicht lesen können. Während für die Großen die Zeit rennt (so schnell wie die kleinen grauen Mäuse von einem Rand zum anderen huschen), bekommen die Kleinen ein Zeitgefühl für dieses ach so lange Jahr.

Durch die eingearbeiteten Geburtstagstermine der Familienmitglieder haben die Kinder bald eine Vorstellung davon, wie lang ein Monat ist.

Nebenbei kann dieser Kalender auch uns helfen, niemanden an seinem Geburtstag zu vergessen.

Fertigmaß: 30 x 60 cm

Material: 33 x 67 cm weißes 10er Dublin-Siebleinen (10 Gewebefäden = 1 cm) und Sticktwist in den Farben Grau, Hellgelb, Pink, Schwarz, Lila, Gelb, Türkis (dunkel), Dunkelblau, Flieder und Grün.

Schneiden Sie den Stoff großzügig zu (+ 1 cm pro Seite), und arbeiten Sie zweifädig über 2 x 2 Gewebefäden im Kreuzstich, so daß unten und an den Seiten ein sichtbarer Rand von ca. 0,5 cm entsteht. Die Saumzugabe vernähen Sie durch das Sticken der Umrandung. Fadengenaues Ausbügeln erleichtert die Arbeit.

Der obere Saum wird so umgeschlagen, daß ein 2 cm breiter Tunnel entsteht. Nach der Fertigstellung können Sie einen kleinen Stab durchschieben und den Kalender so an der Wand befestigen.

Haben Sie die Umrandung gestickt, schneiden Sie die überflüssige Saumzugabe ab.

Genaue Maße: Breite = 298 Fäden, Länge = 616 Fäden.

Die Stickschrift zeigt die Monate Januar und Februar. Arbeiten Sie dementsprechend die restlichen Monate nach dem beistehenden Stichalphabet. Der Abstand der Anfangsbuchstaben zu der Umrandung beträgt jeweils 6 Fäden, so wie angegeben.

Da jeder Familienkalender durch die verschiedenen Termine anders aussehen wird, gestalten Sie ihn individuell. Ich schlage vor, zu den Monatsnamen, in denen eventuell kein Familienmitglied Geburtstag hat, die gelbe Maus zu setzen, die pinkfarbene Katze ungefähr mittig in den Juni zu plazieren und die Sterne in Flieder, Gelb, Grün und Pink wahlweise auf offene Plätze zu sticken.

Sticken Sie im Steppstich:
Die Umrandung und die Schwänze der grauen Mäuse und die Umrandung sowie die Konturen der gelben Maus in Dunkelblau (Doppellinie); der Schnurrbart der gelben Maus und die Umrandung sowie die Konturen der Katze in Schwarz (dicke Linie).

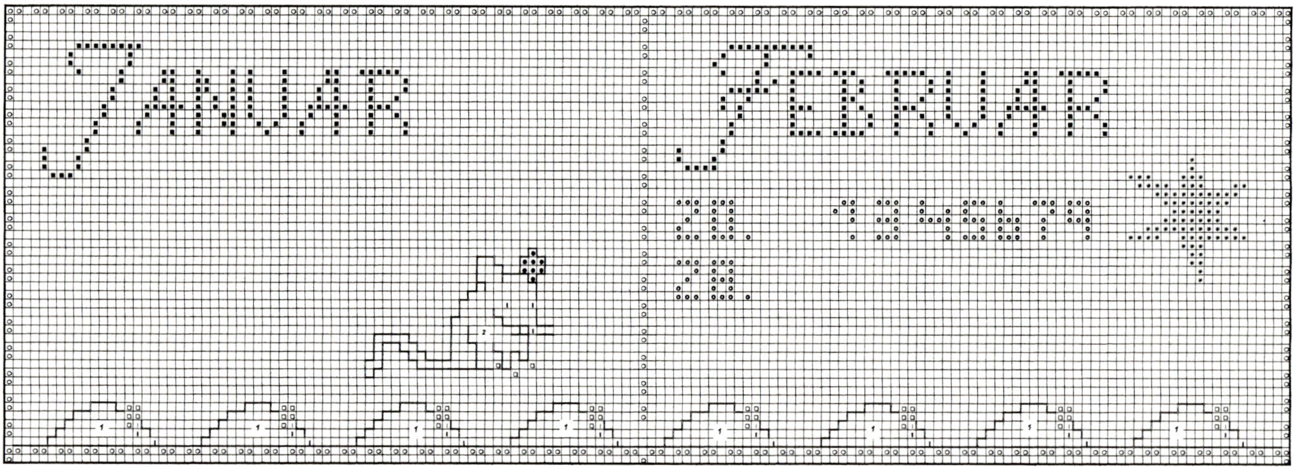

Zeichenerklärung:

| | | | | | |
|---|---|---|---|---|---|
| 1 u. I | = | grau | ✪ | = | lila |
| 2 u. ● | = | hellgelb | ✻ | = | gelb |
| 3 u. ❍ | = | pink | ■ | = | türkis (dunkel) |
| ❙ | = | schwarz | ❑ | = | dunkelblau |

# Benny

Der Hund ist einem alten Sprichwort zufolge, der beste Freund des Menschen. Freund hin oder her, unser Benny bewacht augenscheinlich sehr aufmerksam seine Wurstkette. Man sollte ihm lieber nicht zu nahe kommen.

Viele Kinder wünschen sich einen Hund als Haustier, und der Umgang mit einem Tier im Haushalt kann für sie sehr vorteilhaft sein. Sie lernen, Verantwortung zu tragen. Jedes Tier stellt gewisse Ansprüche, die erfüllt werden müssen.

Wegen dieser Ansprüche ist die Hunde- oder Tierhaltung oftmals nicht in jedem Haushalt möglich. Es mangelt an Platz oder Zeit.

Für diese Fälle ist der gestickte Benny geradezu ideal. Er ist verhältnismäßig schnell fertig, braucht kein Futter und nimmt an der Wand nur ein kleines Stück Platz in Anspruch.

Fertigmaß: 12,5 x 11,3 cm

Material: 16 x 21 cm weißes Stern-Aida und Sticktwist in den Farben Schwarz, Grau, Blau, Orangegelb, Hellbraun, Weiß, Rot und Braun.

Arbeiten Sie nach Stickschrift zweifädig über je 2 x 2 Gewebefäden im Kreuzstich. Die Konturen des Hundes werden in schwarzem Steppstich gestickt (dicke Linie), die der Wurst in Braun (Doppellinie).

Zeichenerklärung:

| | | |
|---|---|---|
| 1 u. ■ | = | schwarz |
| 2 u. ❑ | = | grau |
| 3 | = | blau |
| I | = | orangegelb |
| ❍ | = | hellbraun |
| ▮ | = | weiß |
| ● | = | rot |

## Teddy

Das Kinder-Lieblings-Kuscheltier seit 150 Jahren: der Plüschteddy. Winkt unser Teddy uns zu? Oder faßt er an seinen Kopf? Sein dicker Schal könnte auf eine Erkältung hinweisen.
Dieses kleine Motiv ist z. B. ein ideales Mitbringsel für ein ebenso krankes Kind. Geteiltes Leid ist halbes Leid.
Fertigmaß: 8,2 x 5,6 cm
Material: 11 x 9 cm Stern-Aida und Sticktwist in den Farben Hellbraun, Gelb, Dunkelbraun, Schwarz, Pink, Grün und Türkis (hell).
Sticken Sie nach Stickschrift zweifädig im Kreuzstich über je ein Gewebekästchen. Der eingezeichnete Steppstich wird einfädig in Schwarz gearbeitet.
Zeichenerklärung:

| | | |
|---|---|---|
| 1 u. ◆ | = | hellbraun |
| 2 u. ▮ | = | gelb |
| ▲ | = | dunkelbraun |
| ■ | = | schwarz |
| ● | = | pink |
| ❏ | = | grün |
| I | = | türkis (hell) |

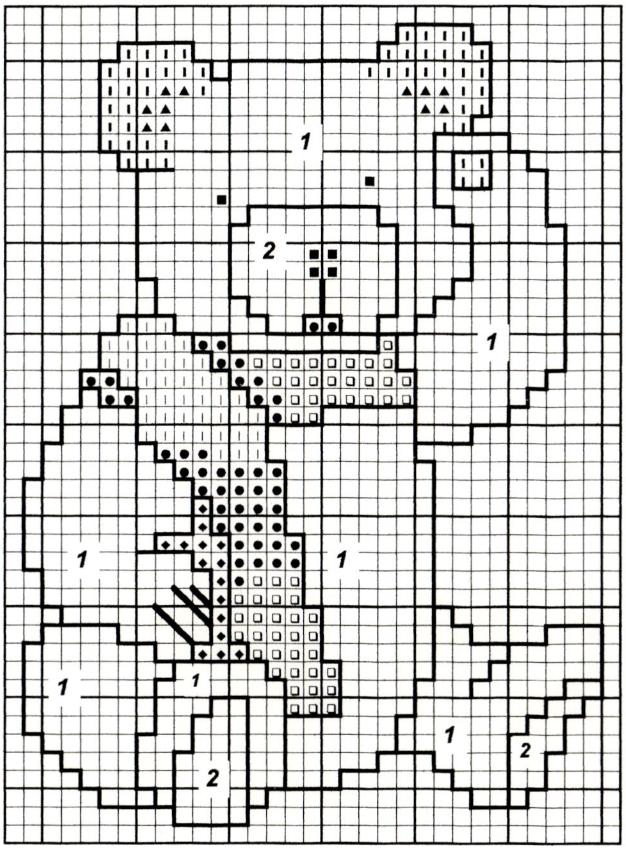

## Zirkuszug

Es war einmal ein böser Zirkusdirektor. Nie hatte er ein nettes Wort für seine Tiere übrig, und selten gab er ihnen soviel zu fressen, daß sie richtig satt wurden. Da beschlossen die Tiere, selbst ihr Glück zu suchen. Eines Nachts packten sie ihre Siebensachen und machten sich allein auf den Weg. Der Bär war der Klügste von ihnen, und so führte er diese ungewöhnliche Gesellschaft an ...

So ungefähr kann die Geschichte beginnen, die Sie zu diesem Bild erzählen könnten.
Ich bin mir aber sicher, daß Ihnen noch ganz andere Versionen einfallen werden. Oder Sie drehen den Spieß einmal um und lassen sich von Ihren Kindern eine Gute-Nacht-Geschichte erzählen.
Arbeiten Sie zweifädig über 2 x 2 Gewebefäden im Kreuzstich. Die Konturen, in der Anleitung darge-

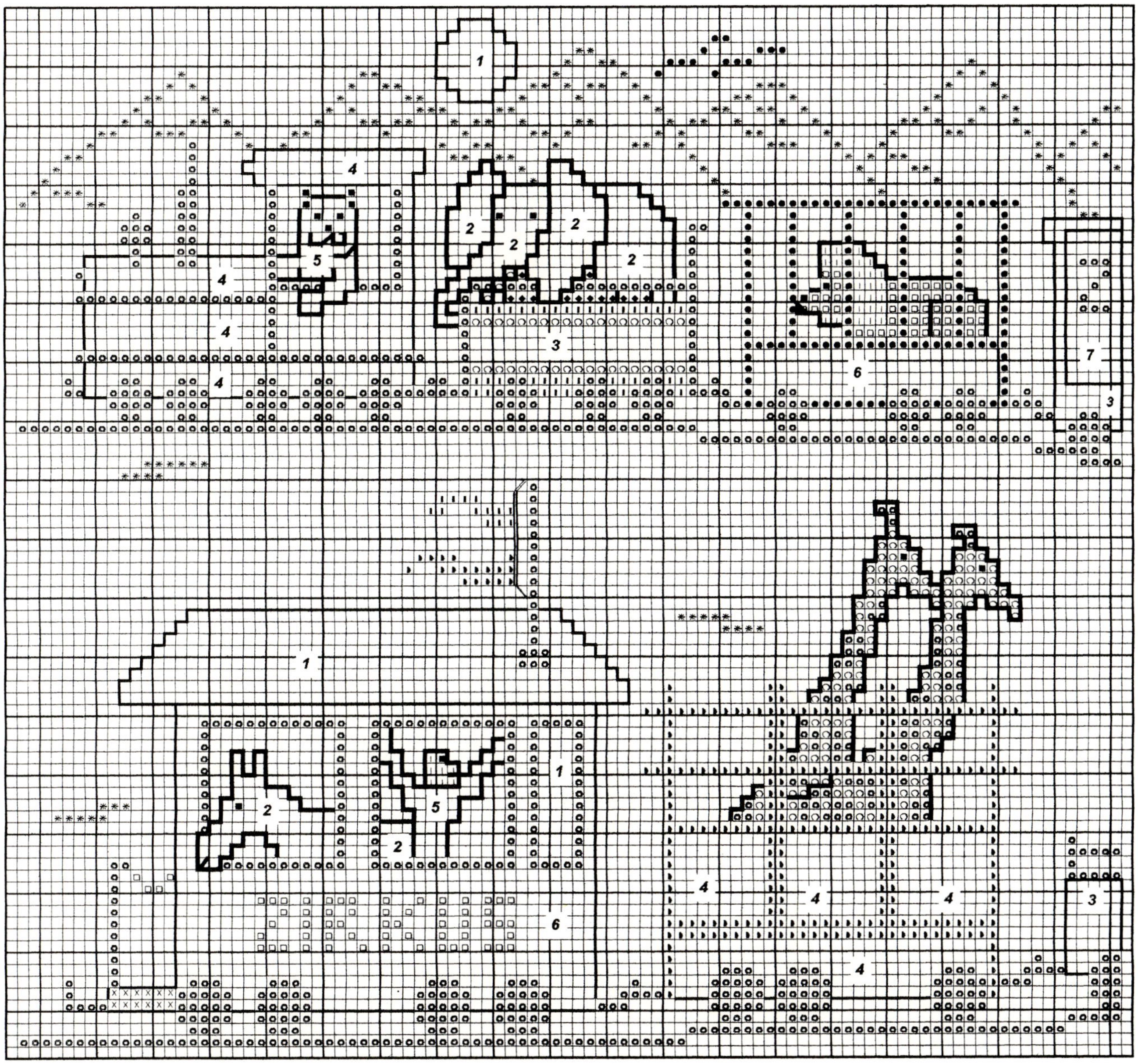

stellt durch die dicke Linie, arbeiten Sie in Schwarz im Steppstich. Lediglich an der Fahnenmaststange nehmen Sie Anthrazit (Doppellinie).

Fertigmaß: 18 cm x 16,5 cm

Material: 24 x 23 cm weißes 10er Leinen (10 Gewebefäden = 1 cm) und Sticktwist in den Farben Gold, Grau, Fuchsia, Lila, Caramel, Dunkelrosé, Türkis (hell), Anthrazit, Hellgelb, Schwarz und Grün.

Zeichenerklärung:

| | | |
|---|---|---|
| 1 u. ❏ | = | gold |
| 2 u. ◆ | = | grau |
| 3 u. ▌ | = | fuchsia |
| 4 u. ● | = | lila |
| 5 u. l. | = | caramel |
| 6 u. x | = | dunkelrosé |
| 7 u. ◗ | = | türkis (hell) |
| ✪ | = | anthrazit |
| ❍ | = | hellgelb |
| ■ | = | schwarz |
| ✳ | = | grün |

# Schlaraffenland

Das Märchen vom Schlaraffenland gehört mit zu den phantasievollsten Geschichten. Welches Kind (vielleicht auch mancher Erwachsene) träumte nicht schon einmal von dem Land, in dem Milch und Honig fließen. Die gebratenen Hähnchen fliegen jedermann freiwillig in den Mund und wenn es regnet, fallen Bonbons und Zuckerstückchen vom Himmel. Das Allerschönste im Schlaraffenland: Arbeit, Schule und weitere lästige Sachen sind bei strengster Strafe verboten.

In diesem Sinne macht der abgebildete Schlaraffenlandbewohner eine Fahrt übers Land. Seinem Lächeln nach zu urteilen, ist er sehr zufrieden mit dem Schneckentempo.

Zu diesem ungewöhnlichen Land können Sie sich die schönsten Geschichten ausdenken. Das ist gar nicht schwer, wenn man sich einfach das Gegenteil der Realität vor Augen führt.

Fertigmaß: 16,3 x 20,6 cm

Material: 24 x 30 cm weißes Stern-Aida und Sticktwist in den Farben Goldgelb, Rosa, Oliv, Dunkelgrün, Dunkelblau, Rot, Altrosa, Hellrosa, Flieder, Haut, Orange, Orangegelb, Hellgelb, Braun, Hellbraun, Hellgrün, Grün, Hellblau, Grau, Lila (hell), Weiß, Jeansblau, Weinrot und Lila (dunkel).

Arbeiten Sie im Kreuzstich zweifädig über je ein Gewebekästchen nach Stickschrift. Den eingezeichneten Steppstich sticken Sie in folgenden Farben:
Doppellinie in Weinrot,
dicke Linie: Blume und Pudding in Dunkelblau,
Karotten in Oliv, Mund des Schlaraffen in Rot,
Mund der Schnecke in Jeansblau.

Zeichenerklärung:

| | | |
|---|---|---|
| 1 u. ⇠ | = | goldgelb |
| 2 u. s | = | rosa |
| 3 u. ✪ | = | oliv |
| 4 u. v | = | dunkelgrün |
| 5 u. c | = | dunkelblau |
| 6 | = | rot |
| 7 u. ▮ | = | altrosa |
| 8 u. z | = | hellrosa |
| 9 | = | flieder |
| 10 u. l | = | haut |
| 11 u. x | = | orange |
| 12 u. ■ | = | orangegelb |
| 13 u. ✳ | = | hellgelb |
| 14 u. ▼ | = | braun |
| 15 u. b | = | hellbraun |
| 16 u. ▲ | = | hellgrün |
| 17 u. u | = | grün |
| 18 u. ❁ | = | hellblau |
| 19 u. ◗ | = | grau |
| 20 u. w | = | lila (hell) |
| 21 u. ❍ | = | weiß |
| ❑ | = | jeansblau |
| ◆ | = | weinrot |
| p | = | lila (dunkel) |

# Labyrinth

Wer findet den Goldschatz?
Nicht viele Spiele lassen sich gestickt darstellen. Würde man beispielsweise ein Mensch-ärgere-Dich-nicht-Brett sticken, hätte man zwar eine schöne grafische Darstellung, aber es läßt sich nicht viel damit anfangen. Das Labyrinth ist anders. Mit diesem Spiel ist Aktion verbunden. Es wird nicht nur die Blicke der Kinder (und die Fingerabdrücke auf dem Glasrahmen) auf sich ziehen. Hängt es an der Wand, werden auch die Großen sich nicht beherrschen können, des Rätsels Lösung zu finden, denn auch im Erwachsenenalter steckt noch ein Rest Spieltrieb in uns. Manche von uns Großen gestalten sogar ihre Gartenhecke in diesem Stil. Leider haben aber nur wenige soviel Platz zur Verfügung. Begnügen und vergnügen wir uns also mit diesem Stickbild.
Sollten Ihnen die Wege zu verwirrend erscheinen, füllen Sie weitere Felder mit den Farben Grün, Lila

oder Rosa aus. Für kleinere Kinder ist das Motiv dann sicher etwas übersichtlicher.
Fertigmaß: 14,8 x 13,4 cm
Material: 19 x 19,5 cm weißes Stern-Aida und Sticktwist in den Farben Grün, Lila, Rosa, Dunkelblau und Sonnengelb.
Sticken Sie nach Anleitung zweifädig im Kreuzstich über je ein Gewebekästchen. Der Goldschatz wird durch den Steppstich in Lila konturiert, das Funkeln des Goldes stellen Sie in der Farbe Sonnengelb dar.

Zeichenerklärung:

| | | |
|---|---|---|
| 1 | = | grün |
| 2 | = | lila |
| 3 | = | rosa |
| x | = | dunkelblau |
| o | = | sonnengelb |

## Akrobat schöööön

Ein Zirkusbesuch ist für Kinder etwas ganz Besonderes. Zu den schönsten Darbietungen gehören die der Clowns. Jeder Clown ist zugleich Akrobat, Maskenbildner und Schauspieler, oft Jongleur, Dresseur und musikalisches Talent. Und das Ungewöhnliche an diesen Darbietungen: Je weniger dem Zuschauer all

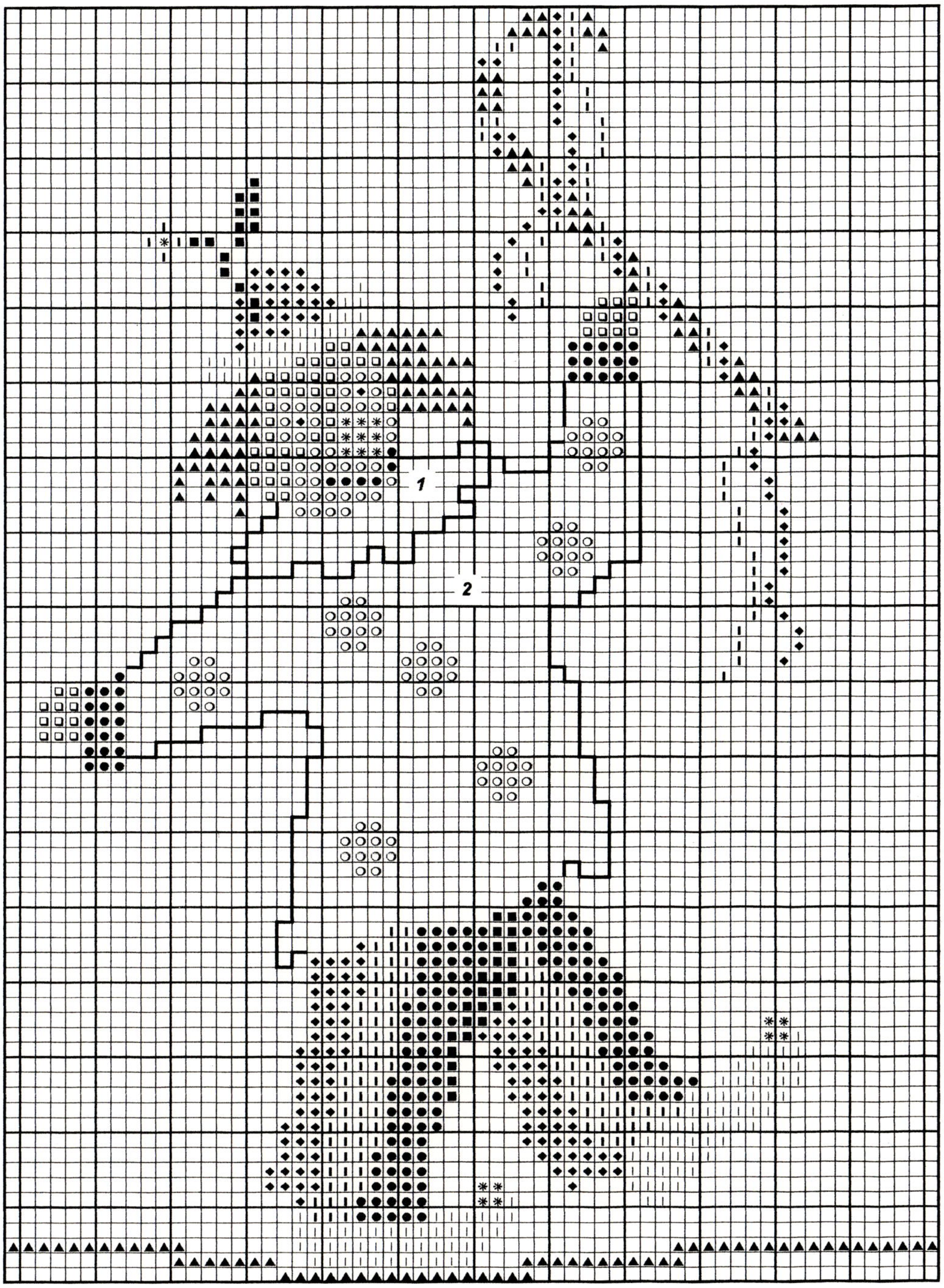


Zeichenerklärung:

| | | |
|---|---|---|
| 1 u. I | = | orangegelb |
| 2 u. ✳ | = | pink |
| ■ | = | grün |
| ◆ | = | türkis (dunkel) |
| I | = | türkis hell |
| ▲ | = | anthrazit |
| ❍ | = | weiß |
| ● | = | lila |
| ❏ | = | haut |

diese Talente bewußt werden, desto besser ist der Mime. Niemand würde über einen Hochseilakrobaten oder Jongleur lachen, selbst wenn ihm einmal ein Mißgeschick passieren sollte. Fällt der Clown mit fünf Bällen jonglierend in den Staub, lacht jeder über den Sturz, auch wenn die Bälle in der Luft bleiben. Der Haupterfolg – der Lacher – liegt im Mißgeschick. Durch die bunte Maskerade darf ein Clown in dem Sortiment von Kindermotiven natürlich nicht fehlen, denn Kinder lieben Farben.

Fertigmaß: 11,5 x 7,2 cm
Material: 14 x 16 cm weißes Feinaida (7 Gewebekästchen = 1 cm) und Sticktwist in den Farben Orangegelb, Pink, Grün, Türkis (dunkel), Türkis (hell), Anthrazit, Weiß, Lila und Haut.
Sticken Sie nach Stickschrift zweifädig im Kreuzstich über je ein Gewebekästchen. Sollte Ihnen der Stoff zu fein sein, weichen Sie auf Stern-Aida aus. Das Fertigmaß ändert sich dann auf 14,6 x 9,2 cm.

## Ballakrobatik

Von dem menschlichen Clown kommen wir jetzt zu dem tierischen: dem Seelöwen. Auf der ganzen Welt sind diese im Pazifik ansässigen Ohrenrobben in zoologischen Gärten, Seebassins und Zirkussen zu bewundern. Ihr ausgeprägter Spieltrieb und ihre Intelligenz machen eine Dressur verhältnismäßig leicht. Mit Eleganz zeigen sie oft ihre Balancekünste, und der Clown kommt zum Vorschein, wenn sie nach Beendigung der Vorstellung die Zuschauer durch Flossenschlagen zum Beifall auffordern.

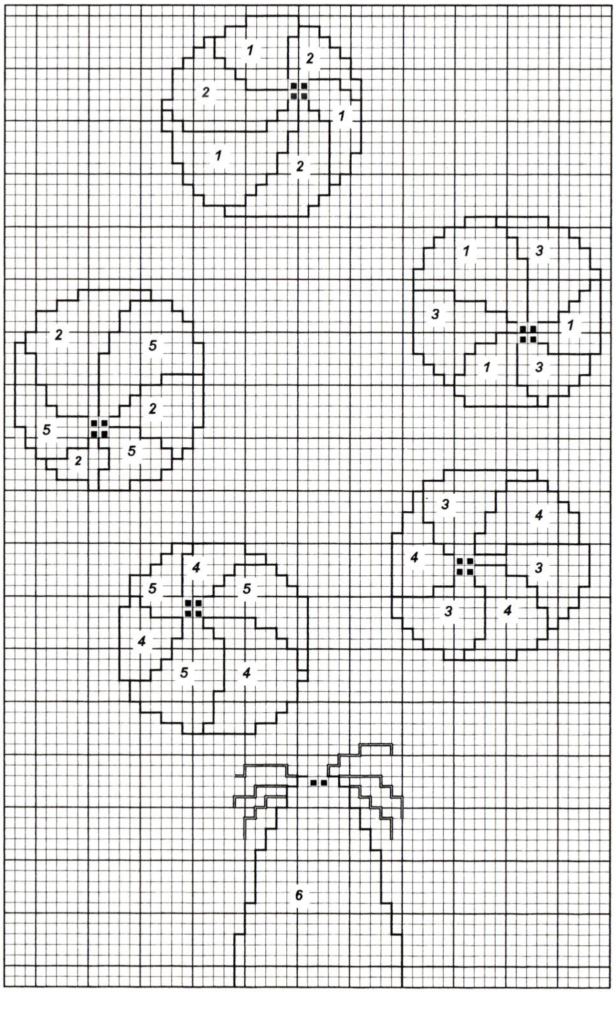

Das Hauptaugenmerk liegt bei diesem Motiv aber auf den jonglierten Bällen. Die Streifen laden zu Farbspielereien ein, und so möchte ich eine Möglichkeit vorstellen: Jeweils eine Ballfarbe ist in dem nächstfolgenden Ball mit einer neuen Farbe kombiniert.
Sie können aber auch kunterbunt, mit einer Hauptfarbe oder jeweils drei verschiedenen Farben pro Ball arbeiten.
Fertigmaß: 10,2 x 16,2 cm
Material: 16 x 21 cm weißes Stern-Aida (5,5 Gewebekästchen = 1 cm) und Sticktwist in den Farben Rosa, Sonnengelb, Blau, Flieder, Grün, Blaugrau und Schwarz.
Sticken Sie nach Stickschrift zweifädig über je ein Gewebekästchen im Kreuzstich.
Die Barthaare werden in Schwarz im Steppstich (Doppellinie) gearbeitet.

Zeichenerklärung:

| | | |
|---|---|---|
| 1 | = | rosa |
| 2 | = | sonnengelb |
| 3 | = | blau |
| 4 | = | flieder |
| 5 | = | grün |
| 6 | = | blaugrau |
| ■ | = | schwarz |

# Lernbilder

## ABC

Alphabete dieser Art haben Sie bestimmt schon in Spielzeugausführung oder in gedruckter Form gesehen. Gestickt kann diese ABC-Lernhilfe zum Familienerbstück werden, denn sie ist außerdem ein attraktiver Blickfang an jeder Wand. Die kleinen Motive, deren Anfangsbuchstaben mit dem dargestellten Buchstaben übereinstimmen, helfen den Kindern beim Erkennen.

Das Bild erhöht die Vorfreude auf die Einschulung. Diese Zeit ist wohl die wißbegierigste im Leben der Kinder, die kurz vor diesem großen Ereignis stehen. Endlich Lesen und Schreiben lernen! Ein paar Jahre später wird aus der Freude an der Schule oft eine Schulpflicht, und so sollte man die Zeit davor mit den Kindern genießen und sie unterstützen.

Fertigmaß: 25,8 x 21,2 cm

Material: 32 x 27 cm weißes Feinaida (7 Kästchen = 1 cm) und Sticktwist in den Farben Fuchsia, Sonnengelb, Hellblau, Grau, Hellgelb, Braun, Schwarz, Türkis (dunkel), Orange, Grün und Cremegelb.

Sticken Sie nach Stickschrift zweifädig über je 1 Gewebekästchen im Kreuzstich.

Auch der Steppstich ist bei diesem Motiv vielfach vertreten. Die eingezeichnete dicke Linie stellt den schwarzen Steppstich dar, die Doppellinie wird bei den einzelnen Motiven folgendermaßen gesteppt: Umrandung in Fuchsia, Mund des Chinesen in Fuchsia, Glas in Fuchsia, Haus in Fuchsia, Igel in

1
3
5
4
3
2
4

3
5
1
6
6
7

Braun, Kamm in Braun, Lampe in Fuchsia, Sonne in Sonnengelb, Maus in Grau, Uhr in Cremegelb, Vogel in Orange, Xylophon in Braun, Yacht in Hellblau.

Zeichenerklärung zum ABC:

| | | |
|---|---|---|
| 1 u. ❑ | = | fuchsia |
| 2 u. x | = | sonnengelb |
| 3 u. ▲ | = | hellblau |
| 4 u. ❍ | = | grau |
| 5 u. l | = | hellgelb |
| 6 u. ◆ | = | braun |
| ■ | = | schwarz |
| ▎ | = | türkis (dunkel) |
| 7 u. ▼ | = | orange |
| ✳ | = | grün |
| ✪ | = | cremegelb |

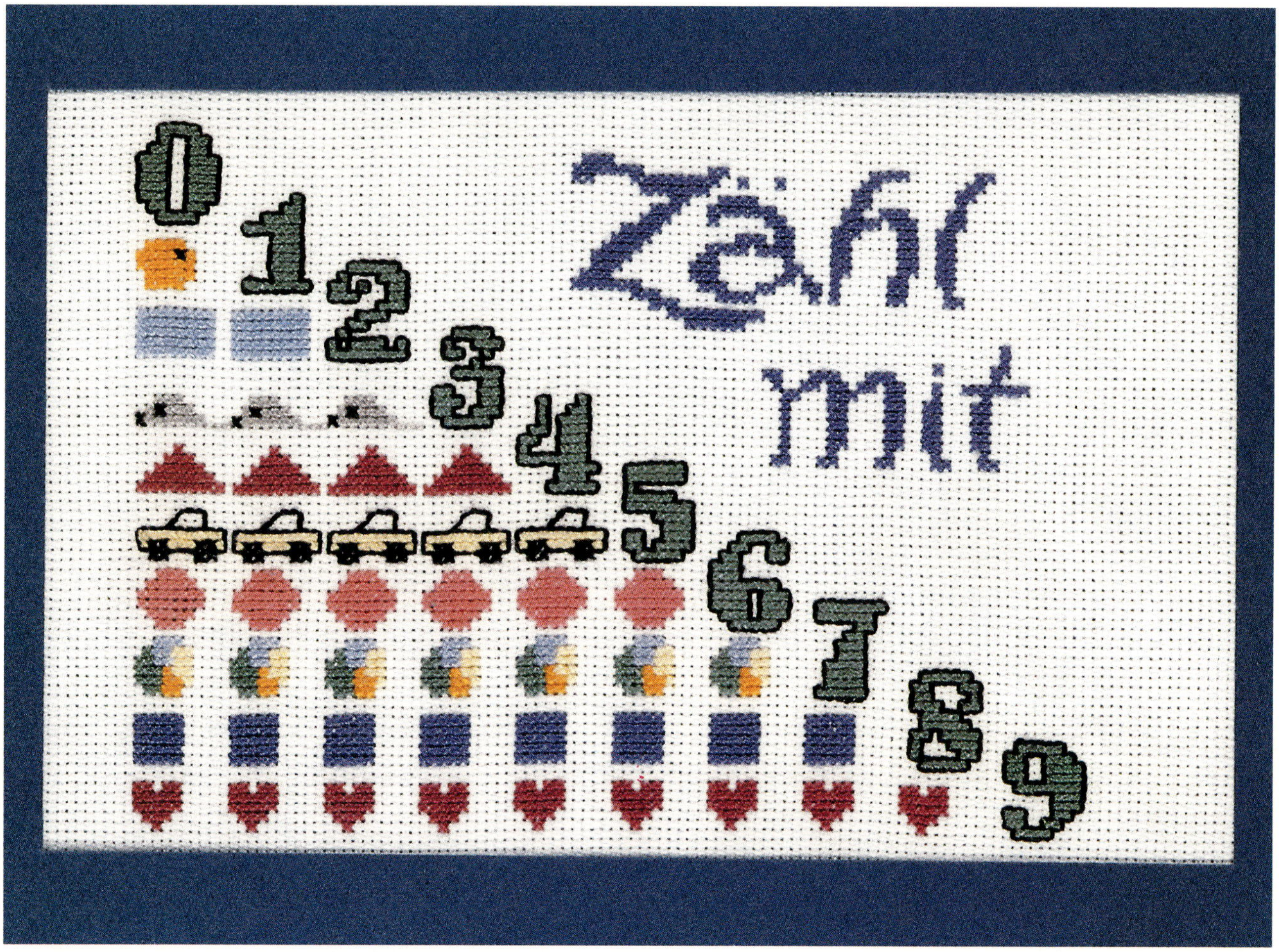


## Zähl mit

Zahlen sind so ziemlich die erste Schullektüre, die Kinder sich schon im Kindergartenalter aneignen. Sticken Sie jetzt diese Zahlenhilfe, damit sie tüchtig üben können. Erfolgserlebnisse spornen zum weiteren Lernen an und wenn Kinder in einer Zeitung, auf einem Plakat o. ä. die Zahlen richtig benennen können, sind sie sehr stolz, sich in der Welt der Großen auszukennen. Schon bald werden die Zahlen bis zehn nicht mehr ausreichen.

Zur Stillung des ersten „Zahlenhungers" ist diese Übersicht gedacht. Zu sehen sind die Grundzahlen – die Voraussetzung für jede weitere Zahlenkombination. Durch die Größe eines käuflichen Bilderrahmens sind dem Sticken solcher Zahlenbilder

natürlich Grenzen gesetzt. Nebenbei: Hätten Sie Lust, einhundert kleine Autos zum Abzählen zu sticken?
Fertigmaß: 13,4 x 10 cm
Material: 19 x 16 cm weißes Feinaida (7 Kästchen = 1 cm) und Sticktwist in den Farben Hellblau, Grün, Fuchsia, Rosa, Dunkelblau, Schwarz, Hellgelb, Grau und Orange.
Sticken Sie nach Anleitung zweifädig über je 1 Gewebekästchen im Kreuzstich. Der eingezeichnete Steppstich (dicke Linie) wird in Schwarz gearbeitet, die Schwänze der Mäuse in Grau (Doppellinie).

Zeichenerklärung:

| | | |
|---|---|---|
| 1 u. ❍ | = | hellblau |
| 2 u. l | = | grün |
| 3 | = | fuchsia |
| 4 | = | rosa |
| 5 u. ❑ | = | dunkelblau |
| ■ | = | schwarz |
| I | = | hellgelb |
| ✳ | = | grau |
| ◗ | = | orange |

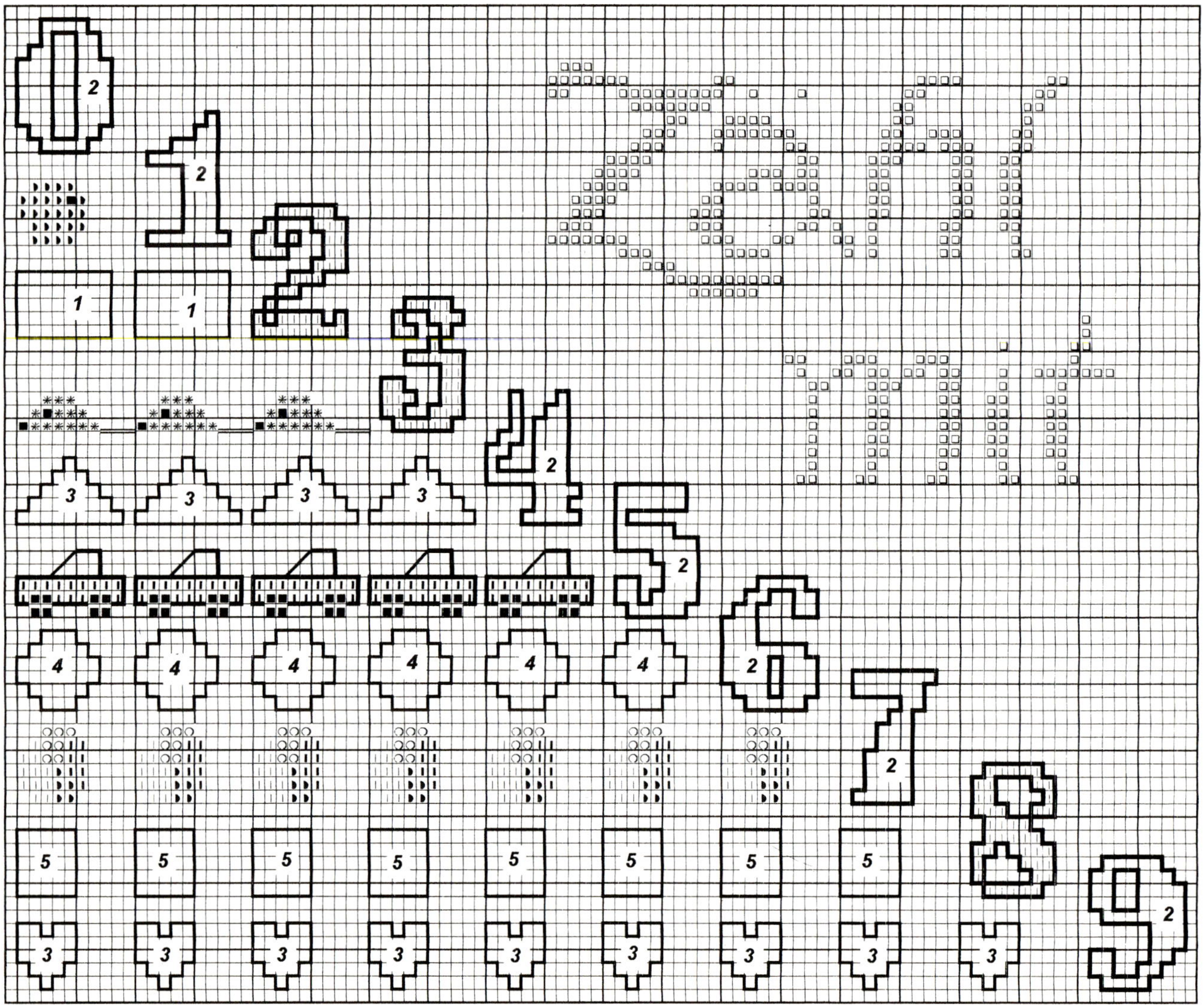

Rate die Form

# Rate die Form

Abrakadabra: Der Zauberer ist da.
Aus seinem Hut purzeln Quadrate, ein Rechteck, Dreiecke, ein Kreis, ein Oval, ein Achteck, eine Raute und viele, viele Sterne. Wie bei den anderen Lernstickbildern zuvor, können Sie sicher sein, daß Ihre Handarbeit niemals unbeachtet einfach nur an der Wand hängt. Schon die Farben ziehen die Blicke der Kinder auf sich.
Dieses Motiv ist bereits für die Kleinsten geeignet. Zu den ersten Lernspielzeugen gehören hohle Kästen, Bälle o. ä., in die Kinder passende Formen in die ausgestanzten Löcher stecken. Dieses Tuch ist dann die Weiterführung: Die verschiedenen Formen sollen richtig benannt werden. Nebenbei läßt sich natürlich auch die Bestimmung der Farben üben.
Die Anordnung der gezauberten Dinge können Sie nach Belieben vornehmen und sich eventuell nach einem vorhandenen Bilderrahmen richten.
Ebenso problemlos lassen sich die Farben austauschen. Sie können sich nach Ihren Garnresten oder den Lieblingsfarben Ihrer Kinder richten.
Fertigmaß: 22,2 x 30 cm
Material: 27 x 36 cm weißes Stern-Aida (5 Kästchen = 1 cm) und Sticktwist in den Farben Sonnengelb, Türkis, Rosa, Türkis (dunkel), Grau, Fuchsia, Lila, Grün, Blau, Schwarz und Weiß.
Sticken Sie nach Anleitung zweifädig über je ein Gewebekästchen im Kreuzstich. Die weiße Spitze des Zauberstabes wird mit schwarzem Steppstich umrandet.

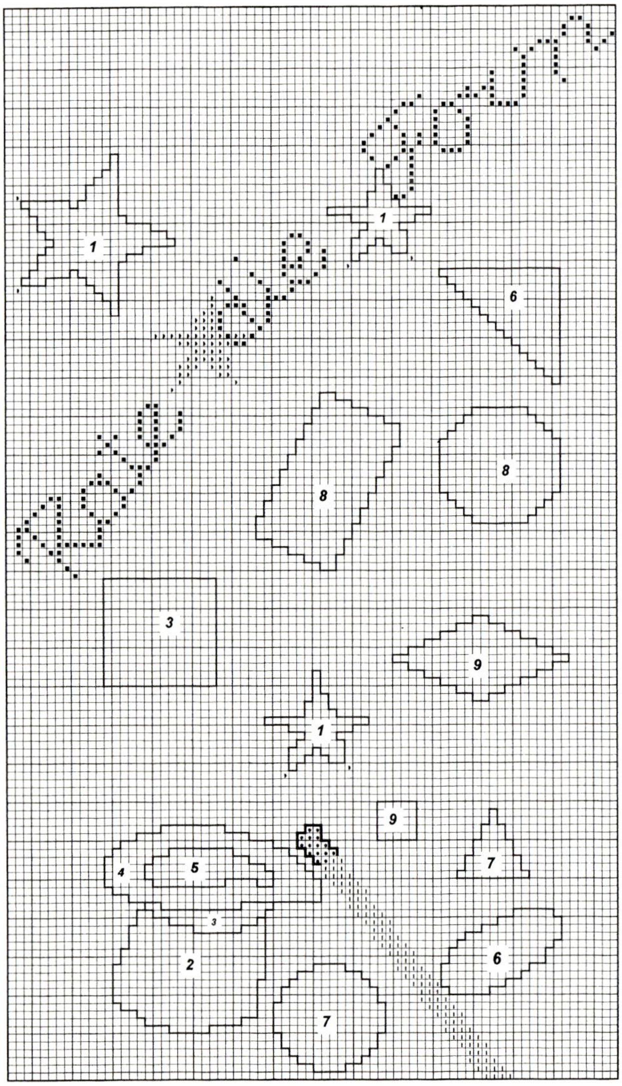

Zeichenerklärung:

| | | |
|---|---|---|
| 1 u. ◗ | = | sonnengelb |
| 2 | = | türkis |
| 3 | = | rosa |
| 4 u. ■ | = | türkis (dunkel) |
| 5 | = | grau |
| 6 | = | fuchsia |
| 7 | = | lila |
| 8 | = | grün |
| 9 | = | blau |
| I | = | schwarz |
| ✻ | = | weiß |

# Tierbilder

Schon im Babyalter werden der Plüschteddy oder die Stoffmaus von Kindern heiß geliebt. Die ersten Begegnungen mit lebendigen Krabbelkäfern, dem Nachbarhund oder einem Meerschweinchen sind geradezu abenteuerliche Erlebnisse, von denen die Kinder immer wieder erzählen. Wißbegierig lassen sie sich etwas später alles von diesen Lebewesen erzählen, die so ganz anders sind als sie selbst.
So denke ich, daß Tierabbildungen immer zu den Lieblingsbildern der Kinder gehören. Die nachfolgenden Motive sind verhältnismäßig schnell gestickt und können auf einen Zählstoff, aber auch auf glattem Gewebe gestickt werden. Ein unifarbenes Shirt mit einem kleinen Tier kann in der Gunst der Kinder schnell zu einem Lieblingskleidungsstück avancieren.
Möchten Sie einen Versuch starten?

Dann übertragen Sie mit einem Bügelstift (Fachhandel) die Stickschrift auf Transparent- oder Seidenpapier. Nun ist das Transparentpapier wie jedes andere fertige Bügelmuster zu verwenden. Legen Sie Ihr Motiv mit der bemalten Seite auf den zu bestickenden Stoff und pressen Sie das Bügeleisen kräftig darauf. Vermeiden Sie ein Hin- und Herfahren des Eisens, damit die Zeichnung nicht verwischt.
Auch über eine gestickte Einladungskarte oder eine Glückwunschkarte zum nächsten Kindergeburtstag wird sich bestimmt jedes Kind freuen, denn es hat gleichzeitig ein neues Bild für das Kinderzimmer. Mit einer gemalten Sprechblase auf dem Passepartout können Sie die Tiere zum Reden bringen.
Auch ein Turnbeutel oder ein Kinderhandtuch kann mit einer kleinen Stickerei zu einem unverwechselbaren Einzelstück werden.

## Leo, der Löwe

Wir sehen hier den männlichen Löwen in seiner beliebtesten Pose: bequem liegend und der Dinge harrend, die da kommen.
Material: 10er Leinen und Sticktwist in Creme, Caramel und Schwarz.
Sticken Sie nach Stickschrift zweifädig über 2 x 2 Gewebefäden im Kreuzstich. Im Steppstich arbeiten Sie den Schwanz in Caramel und die Umrandung und die Konturen in Schwarz.

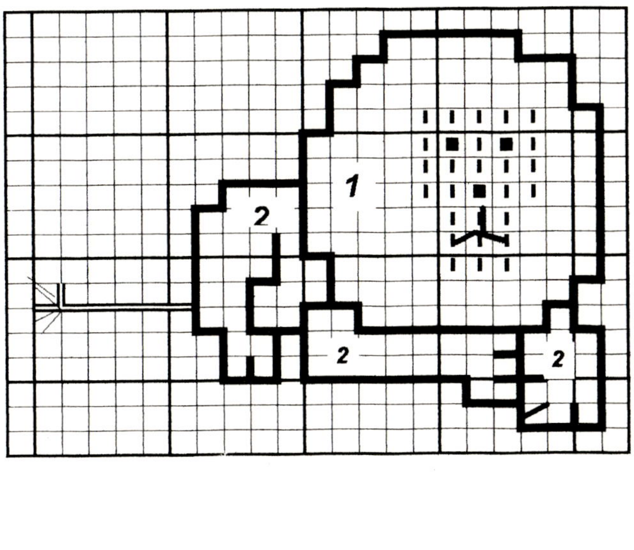

Zeichenerklärung:

| | | |
|---|---|---|
| 2 u. I | = | creme |
| 1 | = | caramel |
| ■ | = | schwarz |

# Yeti, der Eisbär

... steht wie eine Eins auf seiner Scholle. Eisbären haben O-Beine und nach innen gerichtete Zehen, um auf dem Eis das Gleichgewicht halten zu können.

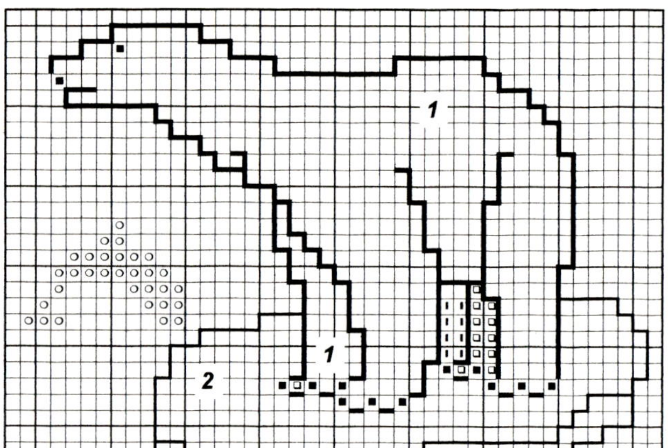


Trotzdem sind sie sehr schnell und flink. Auf Kurzstrecken erreichen sie Geschwindigkeiten von bis zu 40 Stundenkilometern. Die Farbe des Fells ist der schneebedeckten Umgebung angepaßt. Nur die schwarze Nase leuchtet kilometerweit.
Fertigmaß: 7,8 x 5,5 cm
Material: 14 x 14 cm weißes 10er Leinen (10 Gewebefäden = 1 cm) und Sticktwist in den Farben Creme, Hellblau, Dunkelblau und Schwarz.
Sticken Sie zweifädig über 2 x 2 Gewebefäden im Kreuzstich. Die Konturen und die Umrandung arbeiten Sie in schwarzem Steppstich.
Zeichenerklärung:

| | | |
|---|---|---|
| 1 u. ❑ | = | creme |
| 2 u. ▮ | = | hellblau |
| 3 u. ❍ | = | dunkelblau |
| ■ | = | schwarz |

# Lora, der Papagei

Daß Papageien manchmal sprechen können, ist allgemein bekannt, und so paßt dieses Motiv ganz besonders gut auf eine Karte (siehe Herstellung von Passepartouts und Glückwunschkarten).
Fertigmaß: 5 x 3,5 cm
Material: 9 x 9 cm weißes Stern-Aida (je nach Passepartout) und Sticktwist in den Farben Weinrot, Türkis (hell), Sonnengelb, Blau, Orangegelb und Schwarz.
Sticken Sie nach Stickschrift zweifädig über je ein Gewebekästchen im Kreuzstich. Den eingezeichneten Steppstich am Schnabel (Doppellinie) arbeiten Sie in Schwarz.

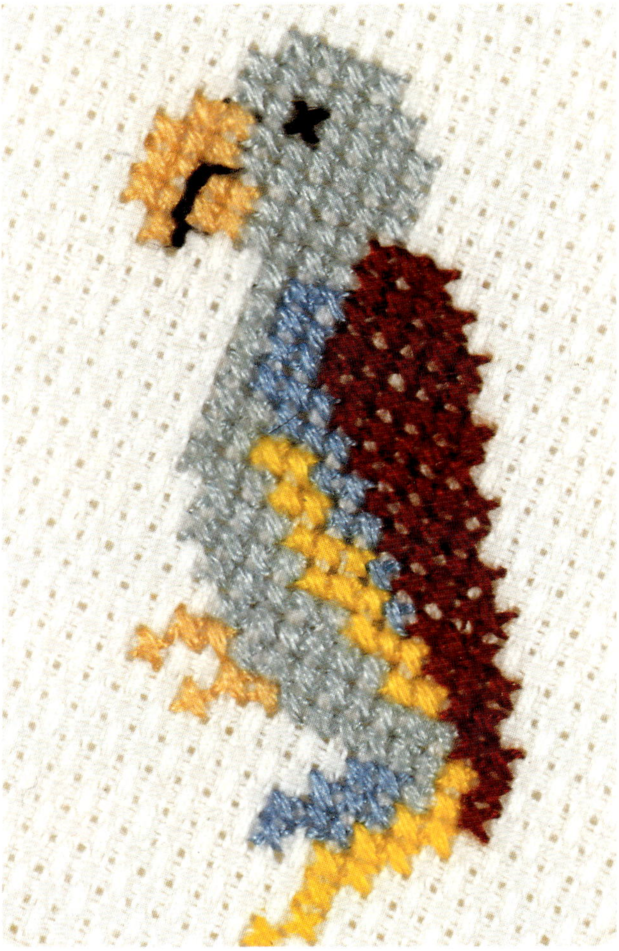

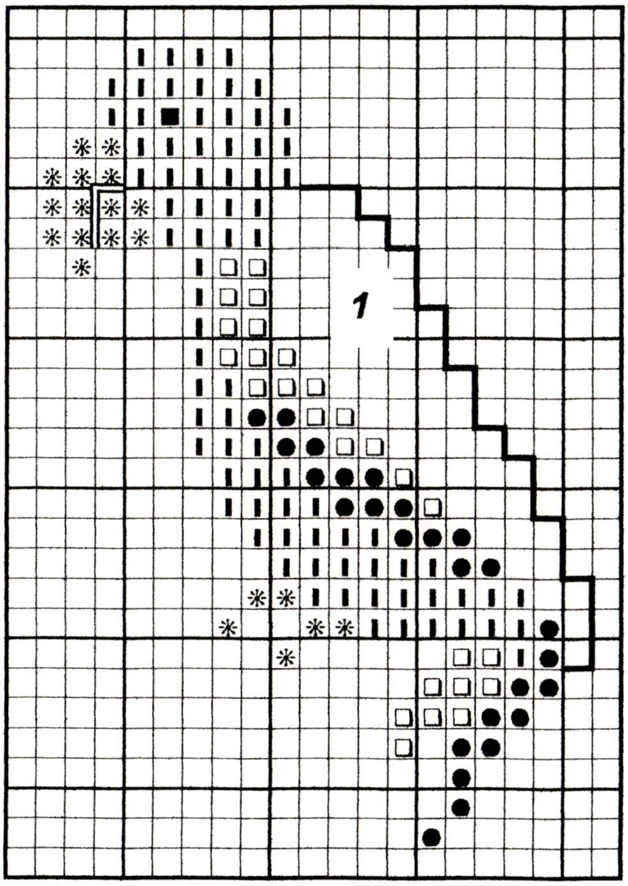


Zeichenerklärung:

| | | |
|---|---|---|
| 1 | = | weinrot |
| I | = | türkis (hell) |
| ● | = | sonnengelb |
| ❏ | = | blau |
| ✳ | = | orangegelb |
| ■ | = | schwarz |

# Miki, das Stinktier

... wundert sich. Warum läßt die Blume wohl den Kopf hängen? Stinktiere können ein Drüsensekret verspritzen, das Angreifer fluchtartig die Szene verlassen läßt.

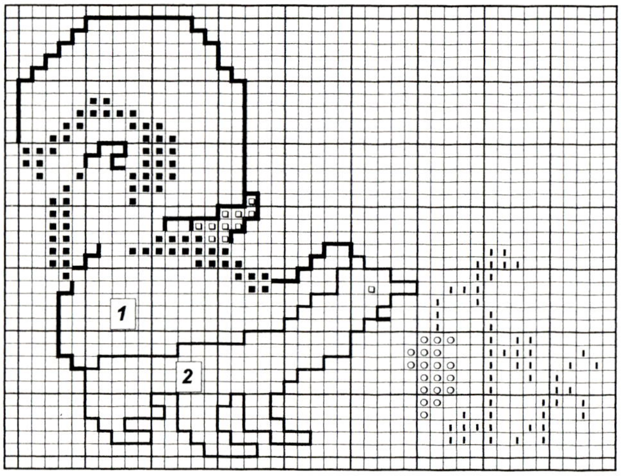


In Europa können wir diese Marderart nur im Zoo bewundern, sie lebt in Nordamerika. Ihr Fell ist wunderschön schwarzweiß gezeichnet. So wunderschön, daß es gern zu Pelzen verarbeitet wird. Wie so oft gilt: Der größte Feind eines jeden Tieres ist der Mensch.

Fertigmaß: 8,5 x 6,7 cm

Material: 14 x 14 cm weißes 10er Leinen (10 Gewebefäden = 1 cm) und Sticktwist in den Farben Weiß, Schwarz, Fuchsia und Oliv.

Arbeiten Sie zweifädig über 2 x 2 Gewebefäden im Kreuzstich und den eingezeichneten Steppstich in Schwarz.

Zeichenerklärung:

| | | |
|---|---|---|
| 1 u. ❑ | = | weiß |
| 2 u. ■ | = | schwarz |
| ❍ | = | fuchsia |
| ▌ | = | oliv |

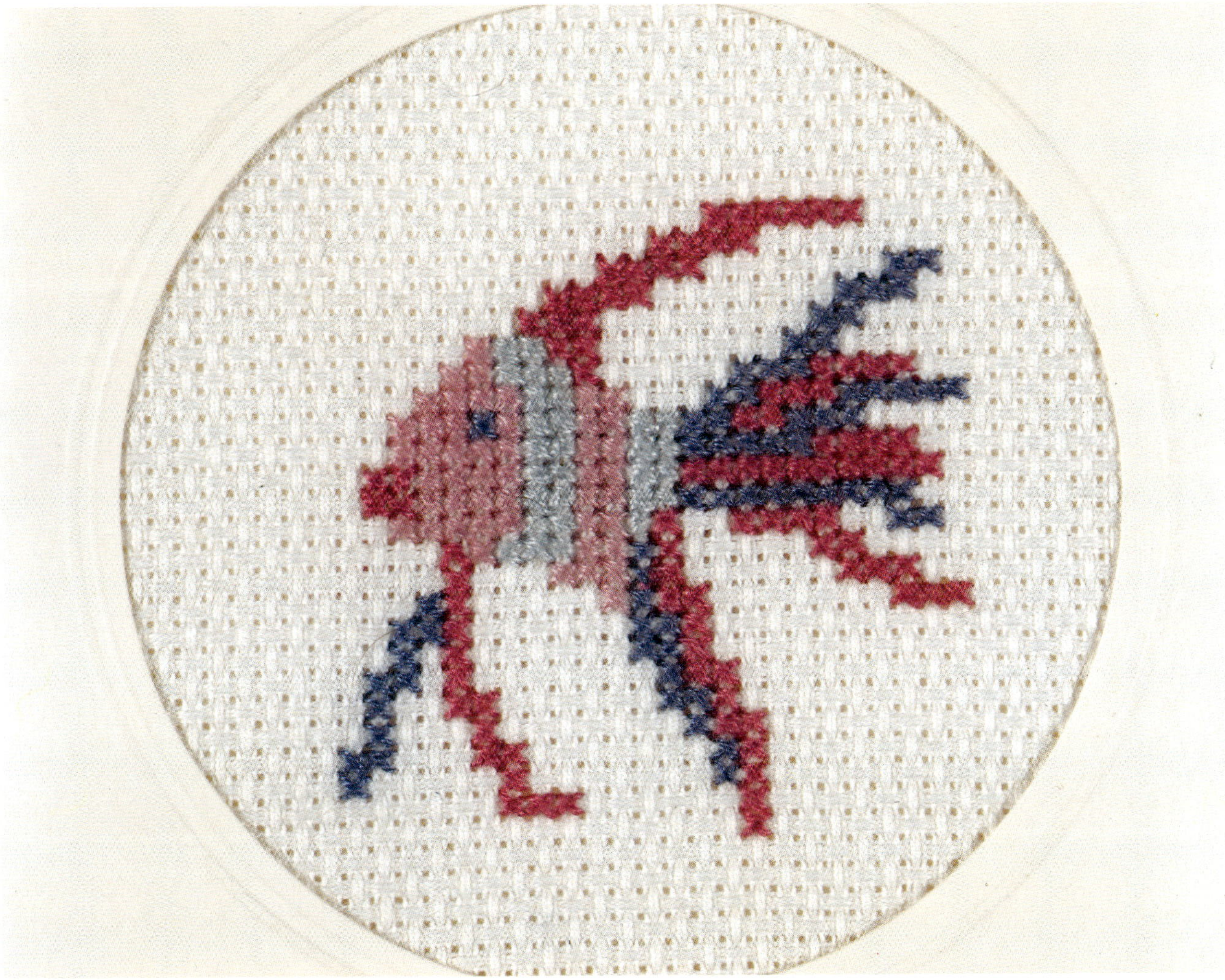

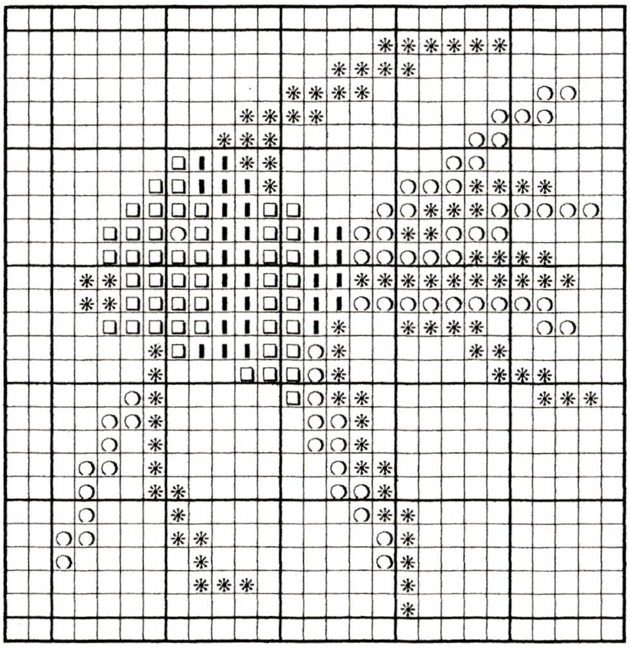

## Goldi, der Fisch

... sendet Ihnen einen tropisch-bunten Kartengruß.

Fertigmaß: 4,5 x 4,5 cm
Material: 7,5 x 7,5 cm weißes Stern-Aida und Sticktwist in den Farben Flieder, Pink, Hellblau und Blau.

Arbeiten Sie nach Stickschrift zweifädig über je ein Gewebekästchen.

Zeichenerklärung:

| | | |
|---|---|---|
| ❑ | = | flieder |
| ✳ | = | pink |
| ▮ | = | hellblau |
| ❍ | = | blau |

# Oscar, der Otter

... wittert irgendetwas Feines.
Otter brauchen ein großes Revier zum Wohlfühlen: ca. 15 Kilometer Ufer an einem sauberen ruhigen Flußlauf. Diese Tatsache erklärt natürlich das Aussterben der Tiere. So findet man ihre Fußspuren nur noch in wenigen Gegenden Norddeutschlands und Bayerns.

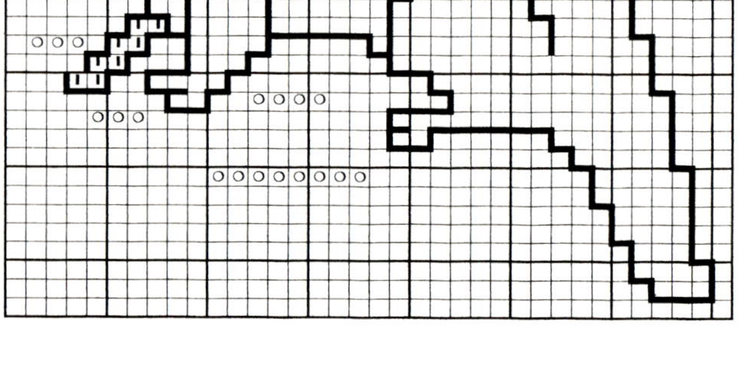


Für ein Säugetier kann der Otter erstaunlich gut tauchen. Fast einen halben Kilometer schafft er mit geschlossenen Ohren und Nasenlöchern, aber geöffneten Augen. Sein Pelz ist so ölig, daß seine Haut dabei nicht naß wird.
Fertigmaß: 7 x 7 cm
Material: 14 x 14 cm weißes 10er Leinen (10 Gewebefäden = 1 cm) und Sticktwist in den Farben Braun, Creme, Schwarz und Grau.
Arbeiten Sie nach Stickschrift zweifädig über 2 x 2 Gewebefäden im Kreuzstich. Umrandung und Konturen werden in schwarzem Steppstich gestickt.
Zeichenerklärung:

| | | |
|---|---|---|
| 1 u. ▌ | = | braun |
| ❏ | = | creme |
| ■ | = | schwarz |
| ❍ | = | grau |

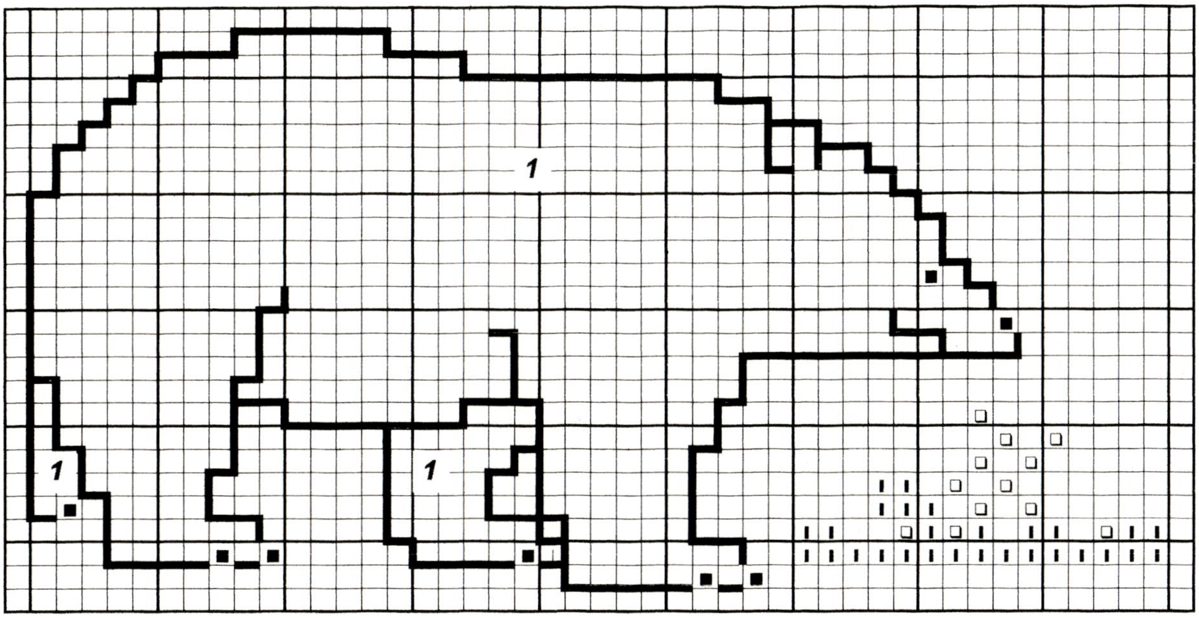


## Billy, der Braunbär

... freut sich über das gefundene Fressen. Braunbären ernähren sich aber nicht nur von Beeren. Sie fressen als Allesfresser Pflanzen und Fleisch. Zu ihrem Lieblingsgericht gehört der Honig. Im allgemeinen sind diese Tiere friedfertig. Sie meiden die Nähe des Menschen. Wahrscheinlich wissen sie, warum: Vor ungefähr 150 Jahren wurden die letzten freilebenden Bären Deutschlands in Bayern erlegt.

Fertigmaß: 8,7 x 4,5 cm

Material: 14 x 14 cm weißes 10er Leinen (10 Gewebefäden = 1 cm) und Sticktwist in den Farben Caramel, Schwarz, Rot und Oliv.

Sticken Sie zweifädig im Kreuzstich über 2 x 2 Gewebefäden, die Umrandung und die Konturen werden in schwarzem Steppstich gearbeitet.

Zeichenerklärung:

| | | |
|---|---|---|
| 1 u. I | = | caramel |
| ■ | = | schwarz |
| ❏ | = | rot |
| I | = | oliv |

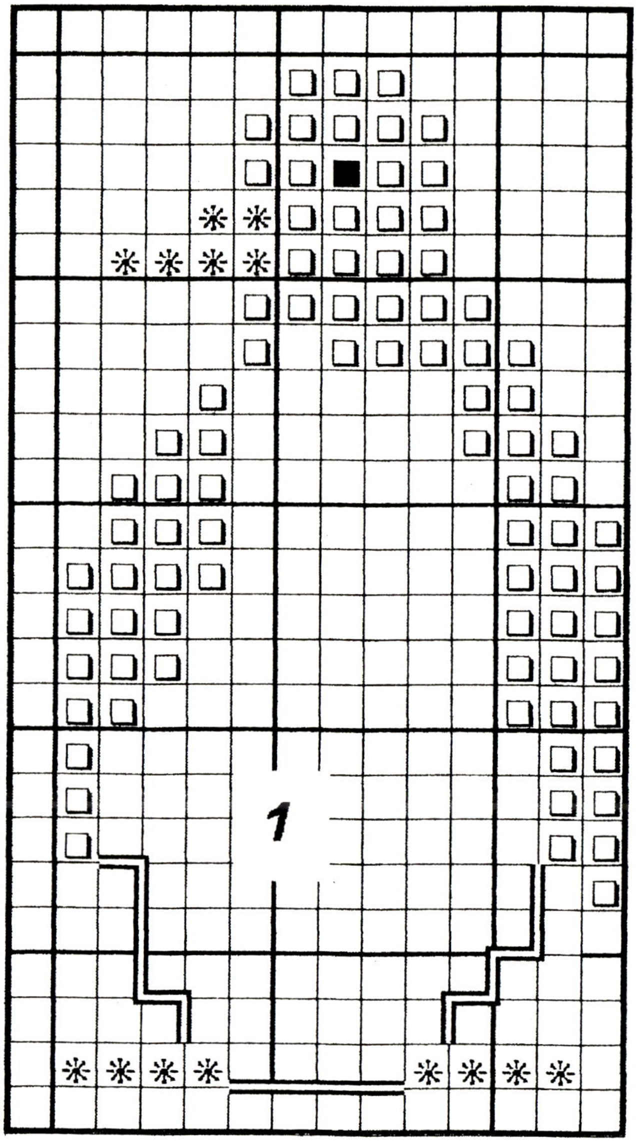


## Frosti, der Pinguin

Wenn Sie gefragt werden, wieviele Pinguine ein Eisbär pro Tag vertilgt, wissen Sie sicherlich, daß Pinguine am Südpol leben, die Eisbären dagegen am Nordpol. Nicht wahr?
Im Gegensatz zu anderen Vögeln können Pinguine nicht fliegen, dafür aber ausgezeichnet schwimmen und tauchen. Ihr Körperbau ist den Wasserverhältnissen optimal angepaßt.
Fertigmaß: 4,2 x 2,4 cm
Material: 9 x 9 cm weißes Stern-Aida und Sticktwist in den Farben Weiß, Schwarz und Orangegelb.
Arbeiten Sie nach Stickschrift zweifädig über je ein Gewebekästchen. Den eingezeichneten Steppstich (Doppellinie) sticken Sie in Schwarz.

Zeichenerklärung:

| | | |
|---|---|---|
| 1 u. ■ | = | weiß |
| ❏ | = | schwarz |
| ✳ | = | orangegelb |

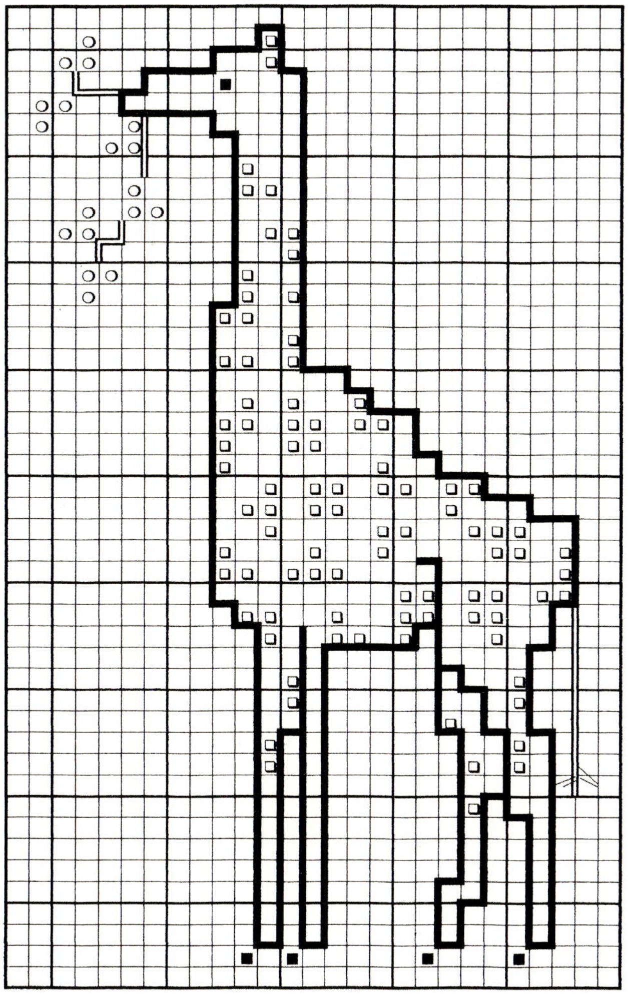

# Wanda, die Giraffe

... läßt es sich gut schmecken. Bei einer Größe von ca. sechs Metern hat die Giraffe keine Probleme, an die oberen Äste der Bäume zu gelangen. Zu ihrer Lieblingsspeise gehören die Blätter der Honigakazie. Die langen harten und spitzen Dornen stören Giraffen überhaupt nicht. Ihre vierzig Zentimeter lange Greifzunge scheint völlig unempfindlich zu sein. Wußten Sie, daß Giraffen ebenso wie alle anderen Säugetiere nur sieben Halswirbel haben? Angesichts der Länge – kaum zu glauben.

Fertigmaß: 8,8 x 5 cm

Material: 14 x 14 cm weißes 10er Leinen (10 Gewebefäden = 1 cm) und Sticktwist in den Farben Braun, Schwarz, Oliv und Gold. Arbeiten Sie zweifädig im Kreuzstich über 2 x 2 Gewebefäden. Der Zweig wird in braunem Steppstich dargestellt, ebenso der Schwanz der Giraffe. Für die Umrandung und die Konturen nehmen Sie Schwarz. Die gesamten Leerfelder innerhalb der Giraffe werden mit der Farbe Gold ausgefüllt.

Zeichenerklärung:

| | | |
|---|---|---|
| ❏ | = | braun |
| ■ | = | schwarz |
| ❍ | = | oliv |
| Leerfeld | = | gold |

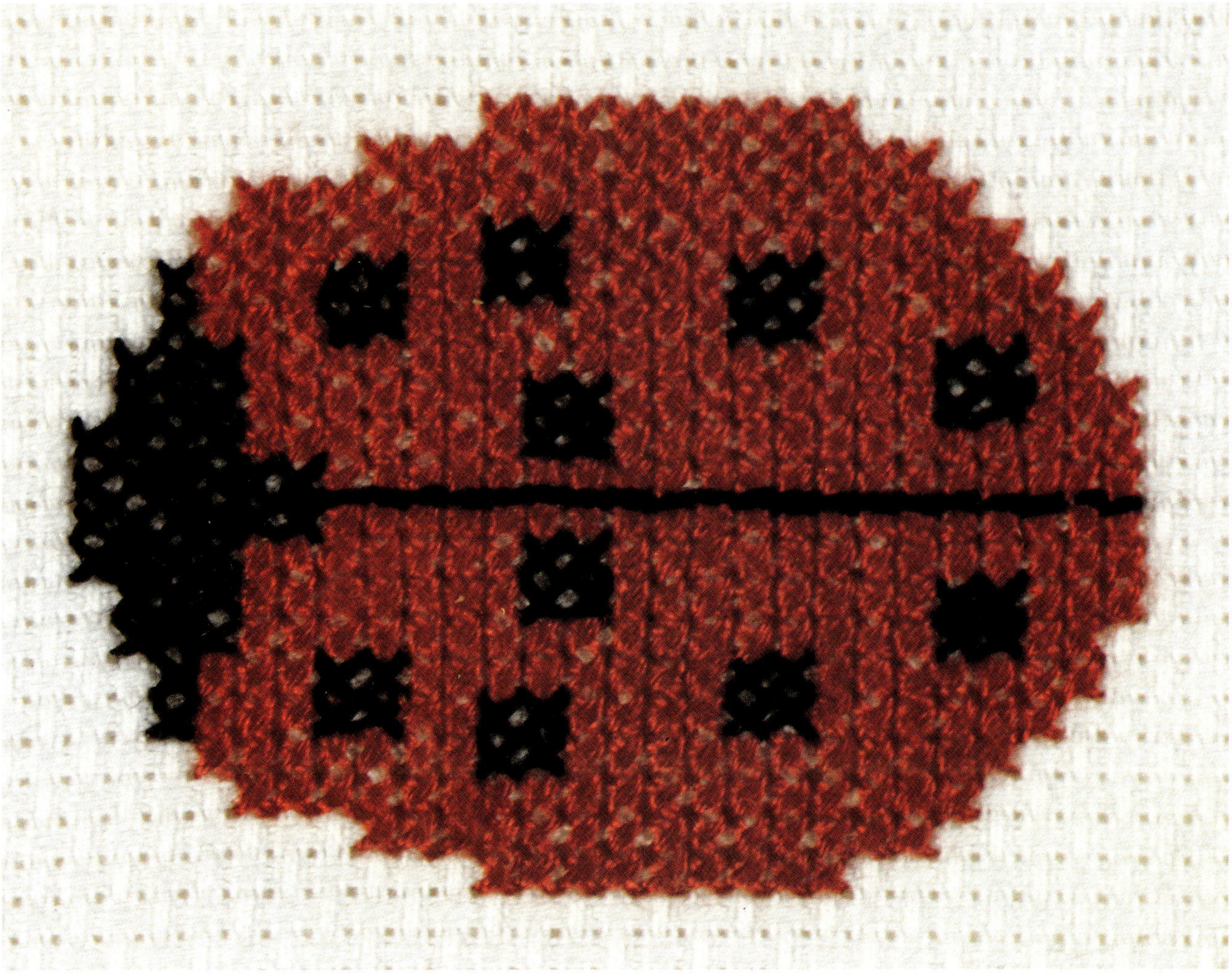

# Marie, der Marienkäfer

Marienkäfer sind nicht nur Glücksbringer, sie gehören auch zu den natürlichsten und gefräßigsten Ungeziefervertilgern in unseren Gärten. Ihr Lieblingsgericht sind Blattläuse, von denen sie bis zu 400 Stück in den ersten 15 Tagen ihres Lebens fressen.
Fertigmaß: 4,7 x 3,6 cm
Material: 9 x 9 cm weißes Stern-Aida und Sticktwist in den Farben Schwarz und Rot.
Sticken Sie nach Zeichenschrift zweifädig über je ein Gewebekästchen im Kreuzstich. Der Steppstich – dargestellt durch die Doppellinie – wird in Schwarz gearbeitet.

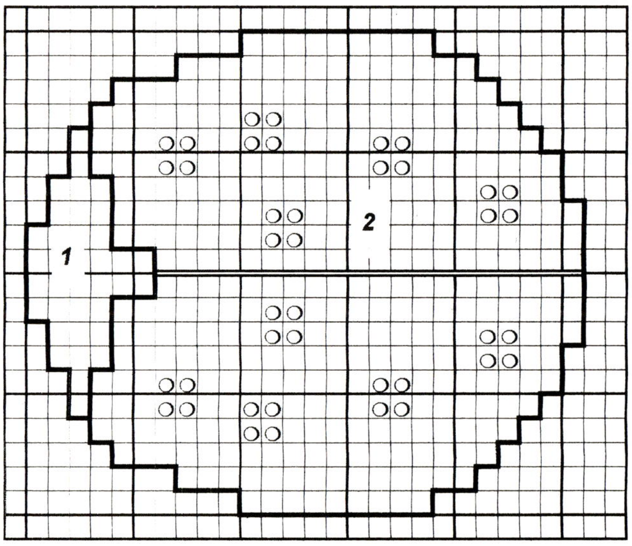


Zeichenerklärung:

1 u. ❍ = schwarz
2 = rot

# Elsa, die Elefantendame

... fürchtet sich doch wohl nicht vor der Maus? Elefanten sind zwar die größten Säugetiere, die wir auf dem Land antreffen, doch sie gehören auch zu den gutmütigsten. In richtigen Familienverbänden ziehen sie durch Afrika. Elefantenkühe haben oftmals mehrere unterschiedlich alte Kälber bei sich, um die sie sich kümmern. Das ist in der Tierwelt recht ungewöhnlich. Wenn die nächste Geschwistergeneration auf die Welt kommt, muß ein Tierjunges meistens auf eigenen Beinen stehen und wird verstoßen.

Fertigmaß: 7,4 x 7 cm

Material: 14 x 14 cm weißes 10er Leinen (10 Gewebefäden = 1 cm) und Sticktwist in den Farben Grau, Creme, Fuchsia, Oliv und Schwarz.

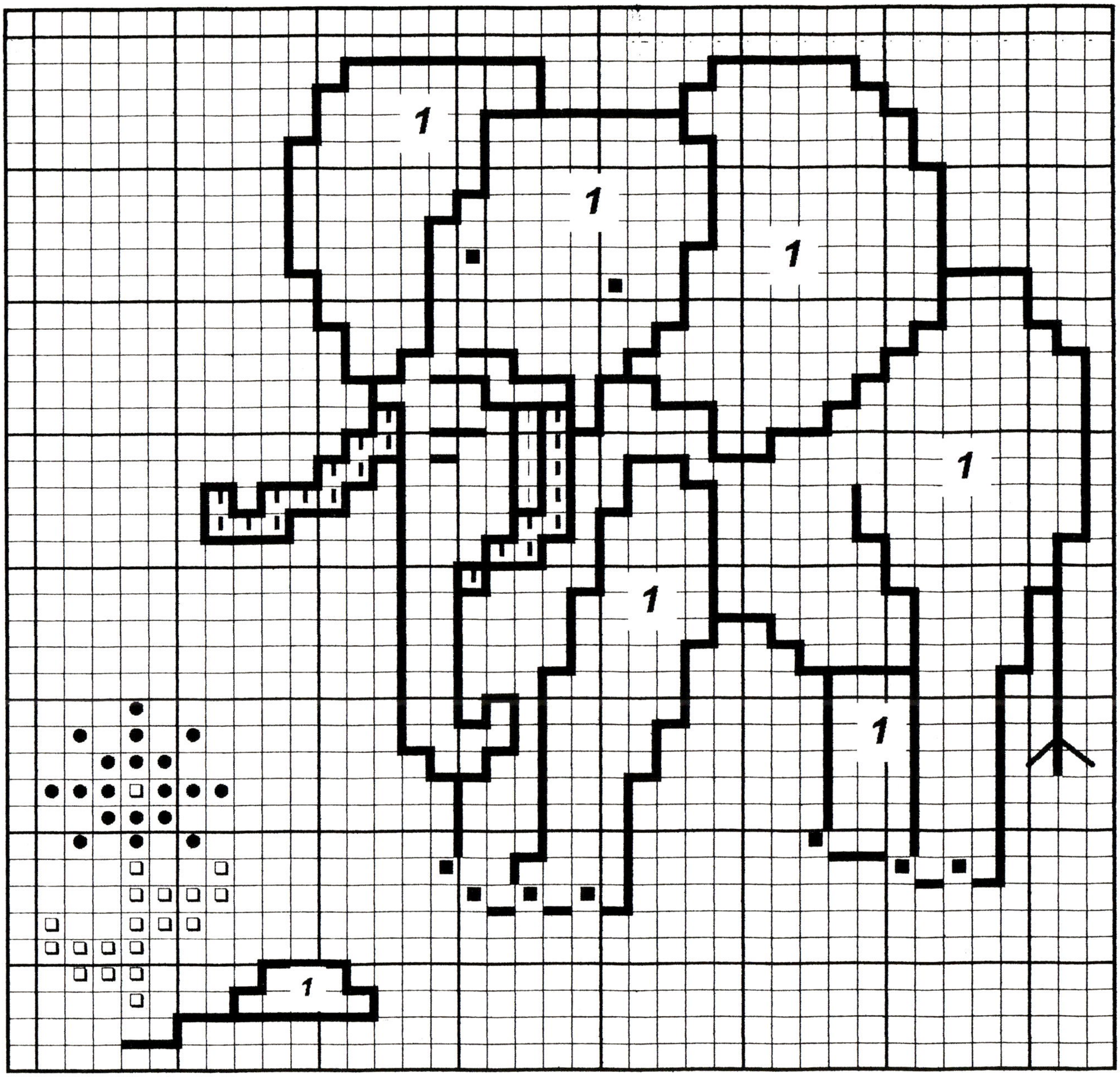

Sticken Sie nach Stickschrift zweifädig über 2 x 2 Gewebefäden im Kreuzstich. Konturen, Schwänze und Umrandungen arbeiten Sie in schwarzem Steppstich.

Zeichenerklärung:

| | | |
|---|---|---|
| 1 u. I | = | grau |
| I | = | creme |
| ● | = | fuchsia |
| ❑ | = | oliv |
| ■ | = | schwarz |

# Schweinegeschichten

Schon seit 5000 Jahren wird das Schwein vom Menschen als Haustier gehalten. Damals waren es Wildschweine, und durch Züchtung entstanden die Schweine, die wir heute als Hausschweine bezeichnen. Auch wenn heute die wenigsten Menschen noch ein Schwein besitzen, so laufen sie uns und unseren Kindern in anderen Formen doch ständig über den Weg: Wir haben Schwein gehabt, wir verschenken Glücksschweine, naschen Marzipanschweinchen, wir lachen über Schweinchen Dick und stecken unser Kleingeld ins Sparschwein. Unsere beiden Schweine heißen übrigens Fridolin und Rosalind.

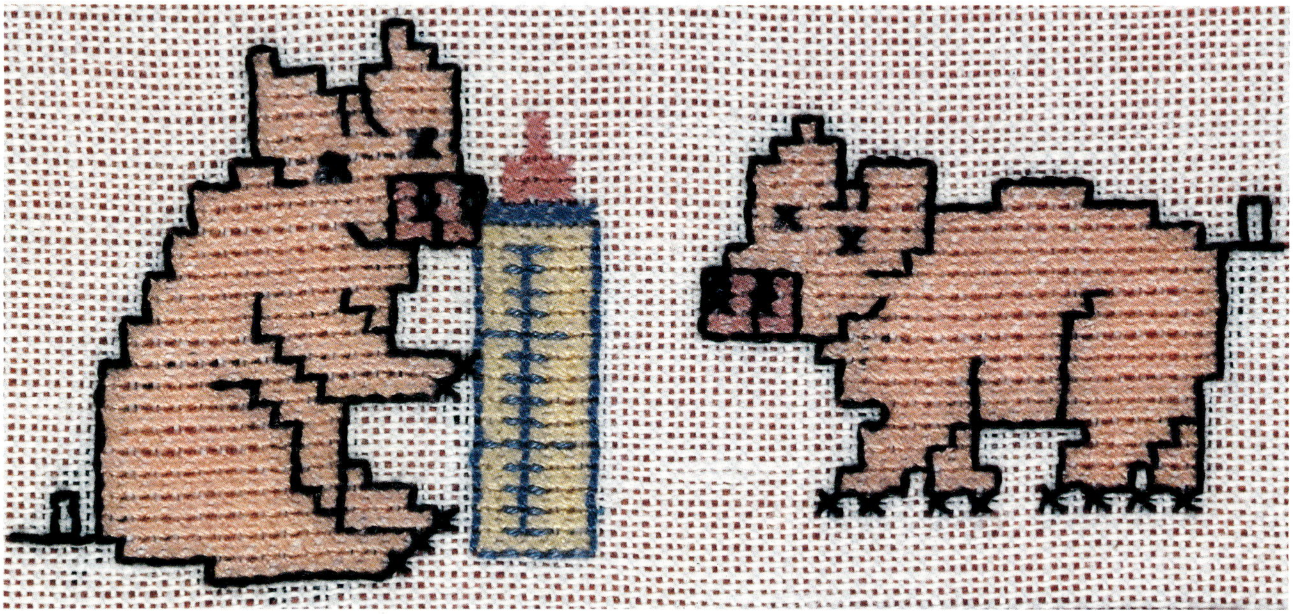

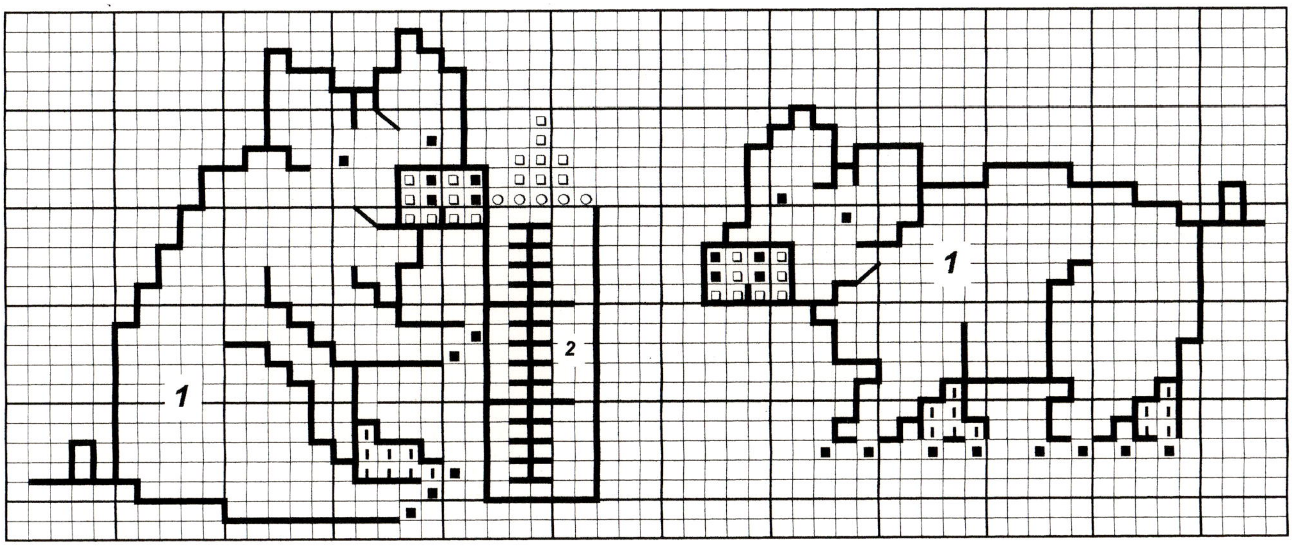


## Flaschenkinder

Fridolin und Rosalind sind Nachbarskinder. Obwohl Schweinekinder immer mit reichlich Nachbarschaft gesegnet sind, haben gerade diese beiden eine besondere Vorliebe füreinander und sind fast immer zusammen. Wie es sich für einen echten Kavalier gehört, läßt Fridolin seiner Freundin den Vortritt. Er schiebt ihr die leckere Milchflasche entgegen, und dankbar freut sich Rosalind.

Maße: 12 x 5,3 cm

Material: 16 x 9 cm weißes 10er Leinen und Sticktwist in den Farben Rosa, Hellgelb, Schwarz,Hellrosa und Hellblau.

Sticken Sie nach Anleitung zweifädig über 2 x 2 Gewebefäden im Kreuzstich. Den Steppstich wenden Sie in Schwarz für die Konturen der Schweinchen und in Hellblau für die Umrandung und die Teilstriche des Fläschchens an.

Zeichenerklärung:

| | | |
|---|---|---|
| 1 | = | rosa |
| 2 | = | hellgelb |
| ■ | = | schwarz |
| ❏ | = | hellrosa |
| ❍ | = | hellblau |

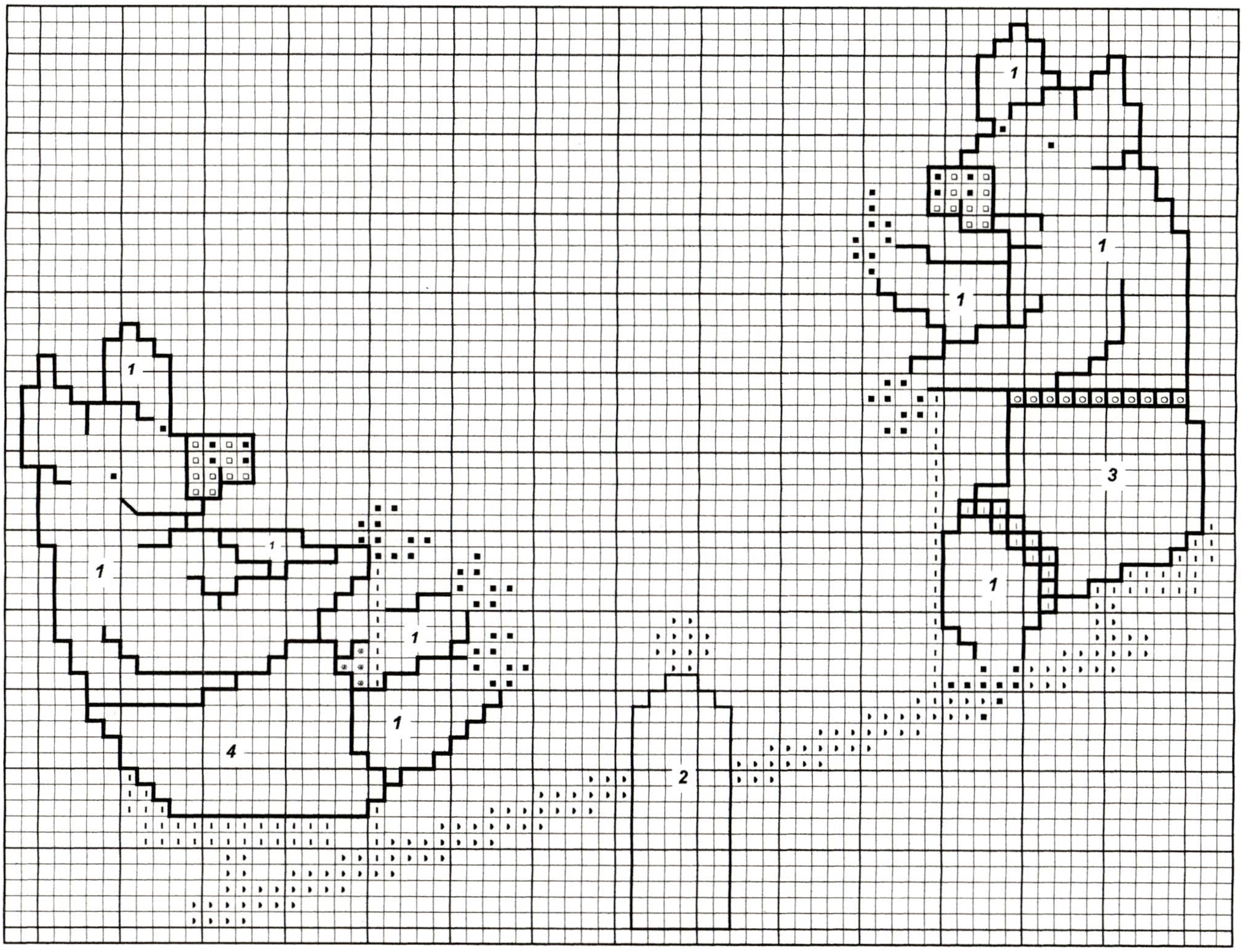


# Auf der Wippe

Auch die besten Freunde ärgern sich manchmal gegenseitig. Unsere beiden Schweinchen sind jetzt im besten Rabaukenalter. Fridolin hat offensichtlich seine guten Manieren vergessen und nutzt es aus, daß Rosalind etwas leichter ist als er selbst. Das macht sie „tierisch" sauer. Doch da nützt kein Ärger und kein Schreien, entweder zeigt sie sich sportlich und springt herunter, oder sie verläßt sich auf Fridolins guten Willen. Doch wie es unter Freunden üblich ist, werden die beiden sich auch wieder vertragen.
Fertigmaß: 15 x 12 cm
Material: 21 x 18 cm weißes 10er Leinen und Sticktwist in den Farben Rosa, Fuchsia, Hellgelb, Türkis (dunkel), Weiß, Schwarz, Hellrosa und Grün.

Arbeiten Sie im Kreuzstich zweifädig über 2 x 2 Gewebefäden. Rosalinds Hose wird mit grünem Steppstich umrandet, die Schweinchen und Fridolins Hose mit schwarzem.
Zeichenerklärung:

| | | |
|---|---|---|
| 1 u. ✻ | = | rosa |
| 2 u. ▮ | = | fuchsia |
| 3 u. ❍ | = | hellgelb |
| ◗ | = | türkis (dunkel) |
| I | = | weiß |
| ■ | = | schwarz |
| ❏ | = | hellrosa |
| 4 | = | grün |

# Unter der Dusche

Einige Kinder vertreten die Ansicht, daß Wasser für die Haut recht schädlich sei. Haben Sie auch Probleme, Ihre Kinder abends in die Badewanne zu setzen? Mit diesem Stickbild führen Sie die These „Es ist so schön, ein Schwein zu sein" ad absurdum.
Unsere Rosalind ist – wie man sieht – sehr reinlich und genießt die tägliche Dusche.
Fertigmaß: 7 x 15 cm
Material: 13 x 21 cm weißes 10er Leinen und Sticktwist in den Farben Rosa, Grün, Grau, Arktisblau, Schwarz und Hellrosa.

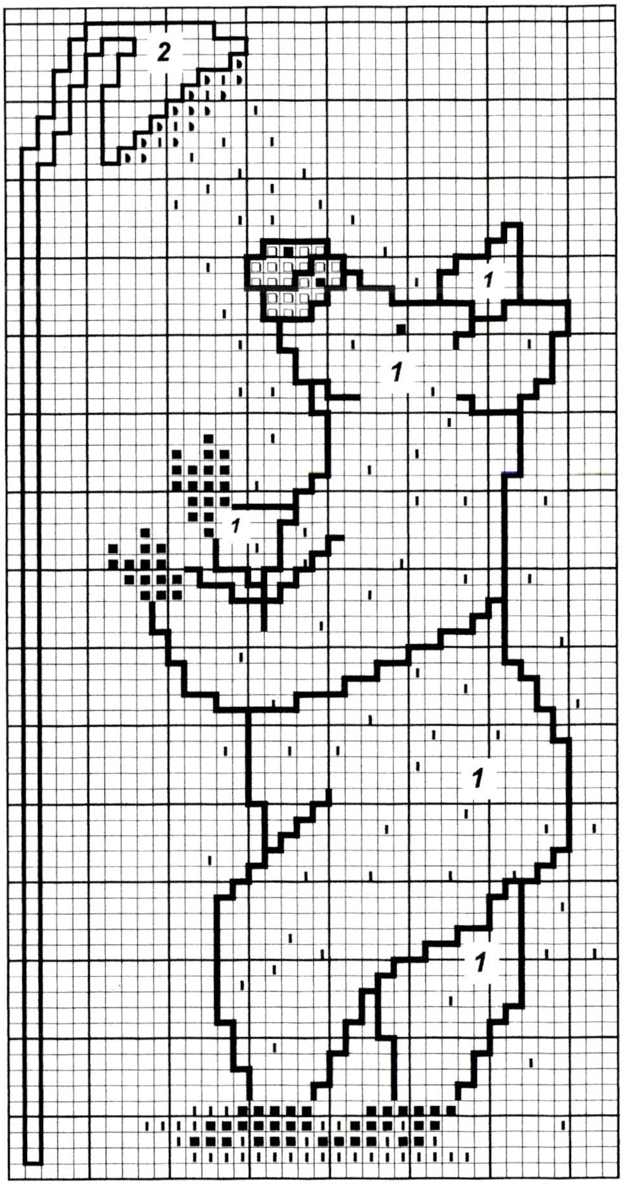


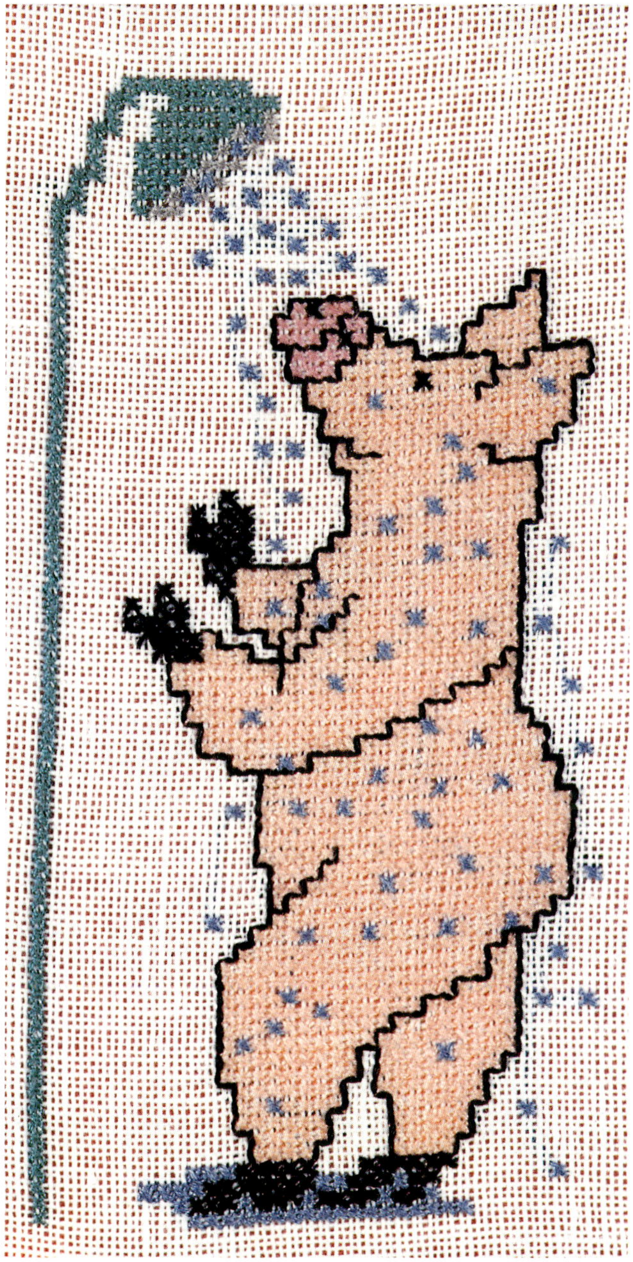

Sticken Sie zweifädig im Kreuzstich über 2 x 2 Gewebefäden. Rosalinds Konturen werden in Schwarz gesteppt.

Zeichenerklärung:

| | | |
|---|---|---|
| 1 | = | rosa |
| 2 | = | grün |
| ◗ | = | grau |
| ▌ | = | arktisblau |
| ■ | = | schwarz |
| ❏ | = | hellrosa |

# Borten

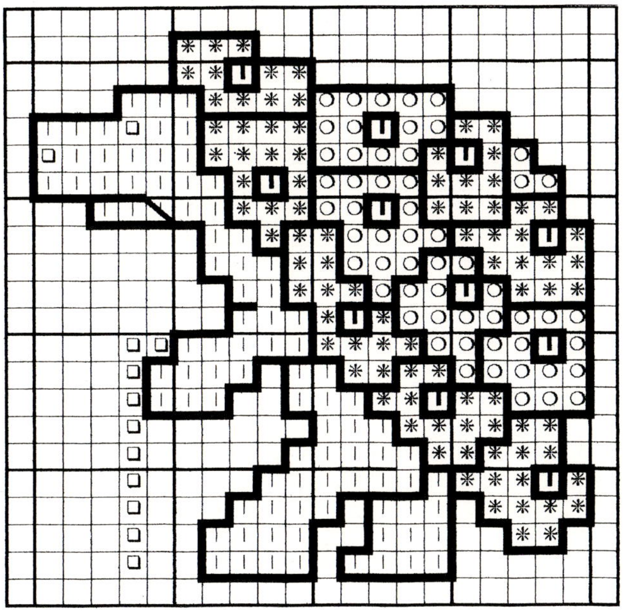

## Schildkrötenausflug

Schildkröten haben ihr Äußeres im Laufe der Jahrmillionen kaum verändert und wirken in der heutigen Zeit sehr urtümlich auf uns. Ungewöhnlich ist auch ihre Lebenserwartung: Riesenschildkröten können bis zu zweihundert Jahre alt werden. Nach eineinhalb Jahren sind sie faustgroß und erst mit stolzen vierzig Lenzen ausgewachsen.
Anscheinend ist die unsrige dem Alter von zweihundert Jahren recht nahe, denn sie ist nicht mehr so gut zu Fuß. Wie schön, daß es solche Hilfsmittel wie einen Stock gibt. Sie begibt sich auf einen Spaziergang, denn frische Luft hält bekanntlich fit.
Nicht nur auf einer Borte, auch als Einzelmotiv auf einem Sportbeutel, einem T-Shirt o. ä. kommt die Schildkröte gut zur Geltung.
Fertigmaß: 4,3 x 4,4 cm
Material: Gearbeitet wurde hier auf einer weißen 10er Leinen-Borte (10 Gewebefäden = 1 cm) und Sticktwist in den Farben Grau, Rot, Türkis (dunkel), Türkis (hell) und Schwarz.
Arbeiten Sie nach Stickschrift zweifädig im Kreuzstich über je 2 x 2 Gewebefäden.Den eingezeichneten Steppstich (dicke Linie) sticken Sie in Schwarz.

Zeichenerklärung:

| | | |
|---|---|---|
| I | = | grau |
| ▮ | = | rot |
| ✳ | = | türkis (dunkel) |
| ❍ | = | türkis (hell) |
| ❑ | = | schwarz |

# Oldtimertreffen

Ob auf einer Borte oder als Einzelmotiv, diese Oldtimer sind genau das Richtige für kleine Autofans: ein Rennwagen, eine Limousine und ein Mittelklassewagen.
In den letzten 90 Jahren haben sich die Karosserien ziemlich verändert. Aber als Kraftfahrzeuge sind die Oldies noch zu erkennen.
Die Reihenfolge können Sie beliebig gestalten. Sollte Ihnen eines der Autos besonders gut gefallen, können Sie Ihre Borte auch nur mit einem Auto besticken. Wie alle kleinen Motive sind sie vielseitig verwendbar, wie beispielsweise auf einer Glückwunschkarte zur bestandenen Fahrprüfung (siehe Herstellung von Passepartouts und Glückwunschkarten), auf einem Kleidungsstück, einem Kinderhandtuch, einer Kindergartentasche.

Fertigmaß: 7,2 x 2,8 cm (links), 8,8 x 3,2 cm (Mitte), 7,8 x 3,6 cm (rechts).
Material: weiße Reinleinen-Borte und Sticktwist in den Farben Schwarz, Türkis, Hellgrün, Gelb, Flieder, Lila, Rot und Türkis (hell). Arbeiten Sie nach Stickschrift zweifädig über je 2 x 2 Gewebefäden im Kreuzstich. Der eingezeichnete Steppstich (dicke Linie) wird in Schwarz gestickt.

Zeichenerklärung:

Auto, links

| | | |
|---|---|---|
| ■ | = | schwarz |
| I | = | türkis |
| ❑ | = | hellgrün |
| ❍ | = | gelb |

Auto, mitte

| | | |
|---|---|---|
| ■ | = | schwarz |
| I | = | flieder |
| ❑ | = | lila |
| ❍ | = | gelb |

Auto, rechts

| | | |
|---|---|---|
| ■ | = | schwarz |
| ❍ | = | gelb |
| I | = | rot |
| ❑ | = | türkis (hell) |

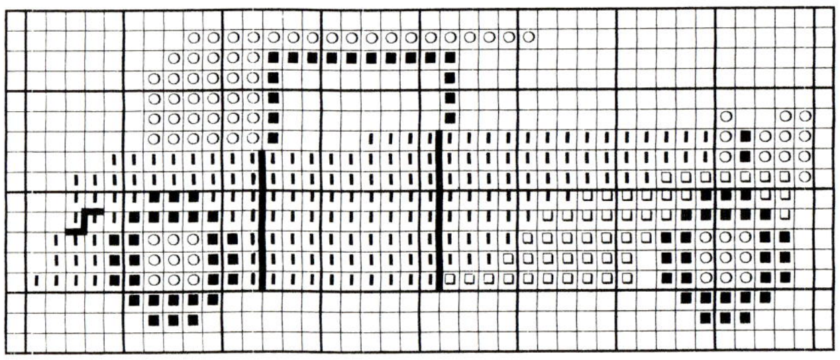

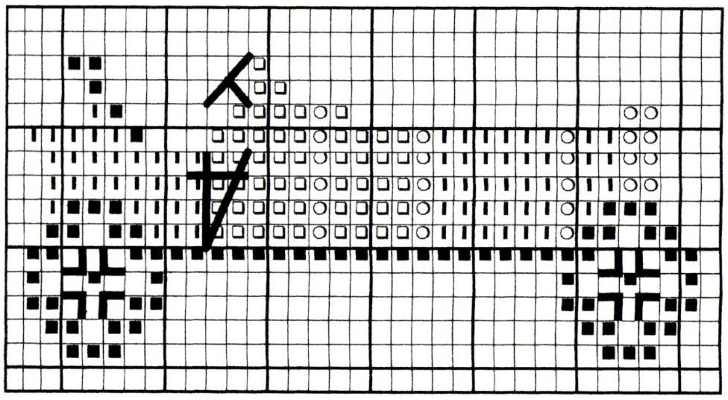

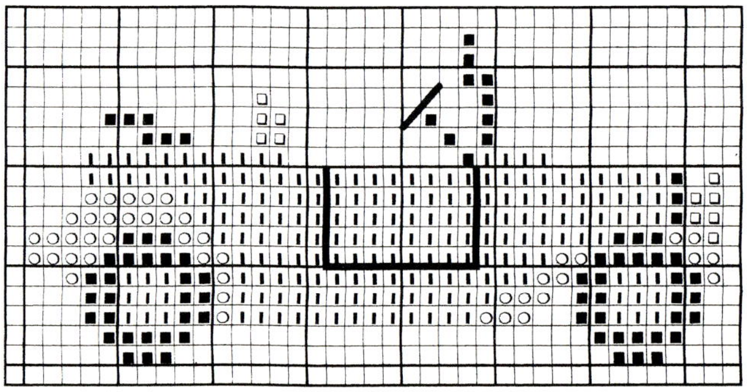

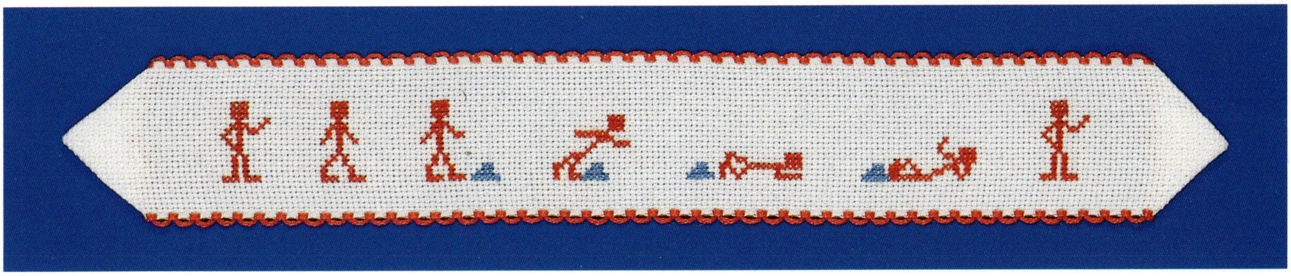

# Strichmännchen

Erscheint Ihnen diese Borte vielleicht etwas zu einfach?
Bei der Gestaltung dachte ich an das Prinzip der Waldorf-Puppen ohne Gesichter und an „laufende Bilder" – nach der Machart der Comics.
So ist das Strichmännchen beabsichtigt einfach, doch sehr effektvoll.
Der Mustersatz erfordert durch die verschiedenen Bewegungsabläufe eine lange Borte, damit die Geschichte gut zur Geltung kommt.

Fertigmaß: 22,4 x 2,4 cm
Material: feine Borte im Aida-Stil (6 Gewebekästchen = 1 cm) mit farblich passender vorgewebter Kante in Rot und Sticktwist in den Farben Rot und Blau.
Sticken Sie nach Anleitung im Kreuzstich zweifädig über je ein Gewebekästchen.

Zeichenerklärung:

| | | |
|---|---|---|
| ❑ | = | rot |
| I | = | blau |

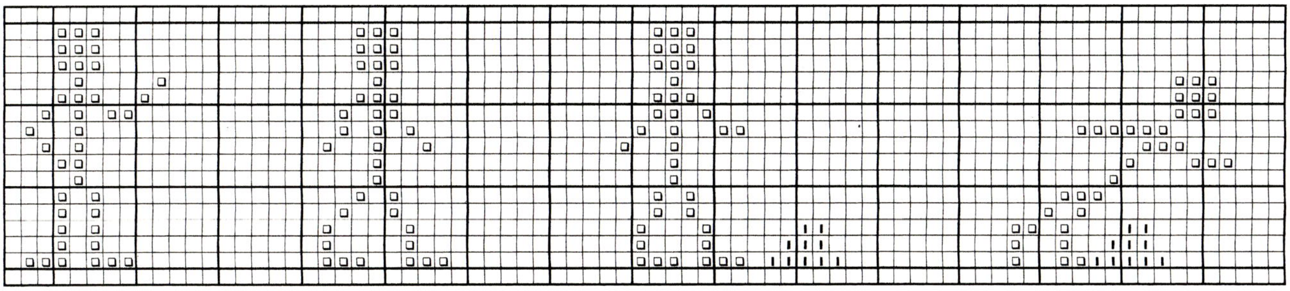

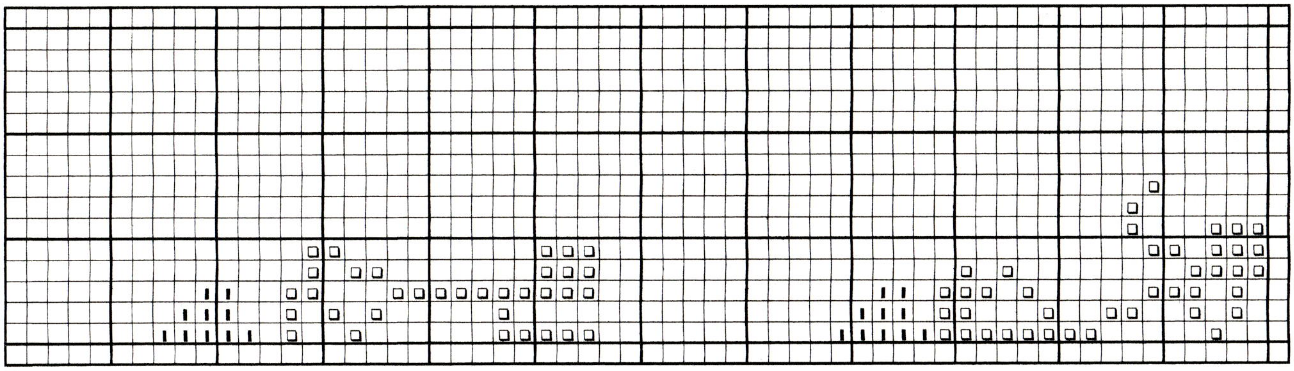

# Luftballons

Diese herzige Borte paßt wunderbar auf einen Kinderwagenbettbezug. Mit einer gestickten Kante wird aus einem einfachen Stoff ein ganz besonders schönes Stück, das jedem ins Auge fällt. Die Farben des Motivs sind nicht spezifisch für Jungen oder Mädchen. Die Borte ist mit hellblauen sowie rosafarbenen Herzen erhältlich. Da die Bänder der Luftballons ebenfalls ein Herz bilden, ergänzen sich die vorgewebte Herzenkante und die Stickerei hervorragend.
Der Mustersatz läßt sich problemlos in der Breite verschieben. Sie können ihn also jeder Größe anpassen. Ebenso können Sie auf Wunsch natürlich die Farben verändern.
Ein Kissenbezug mit einer solch gestickten Borte kann später sogar an die Enkelkinder weitergegeben werden, denn das Motiv ist zeitlos.
Fertigmaß: 7,6 x 2,6 cm
Material: Borte mit farblich vorgewebtem Motivrand im Aida-Stil und Sticktwist in den Farben Blau, Goldgelb, Flieder, Rosa und Dunkelblau.
Sticken Sie zweifädig im Kreuzstich über je ein Gewebekästchen. Die Bänder der Luftballons, die sich zu einem Herz vereinen, werden mit der Farbe Dunkelblau im Steppstich gearbeitet.

Zeichenerklärung:

| | | |
|---|---|---|
| 1 u. I | = | blau |
| 2 u. ○ | = | goldgelb |
| linker Ballon, Mitte | = | flieder |
| linker Ballon, rechts | = | rosa |

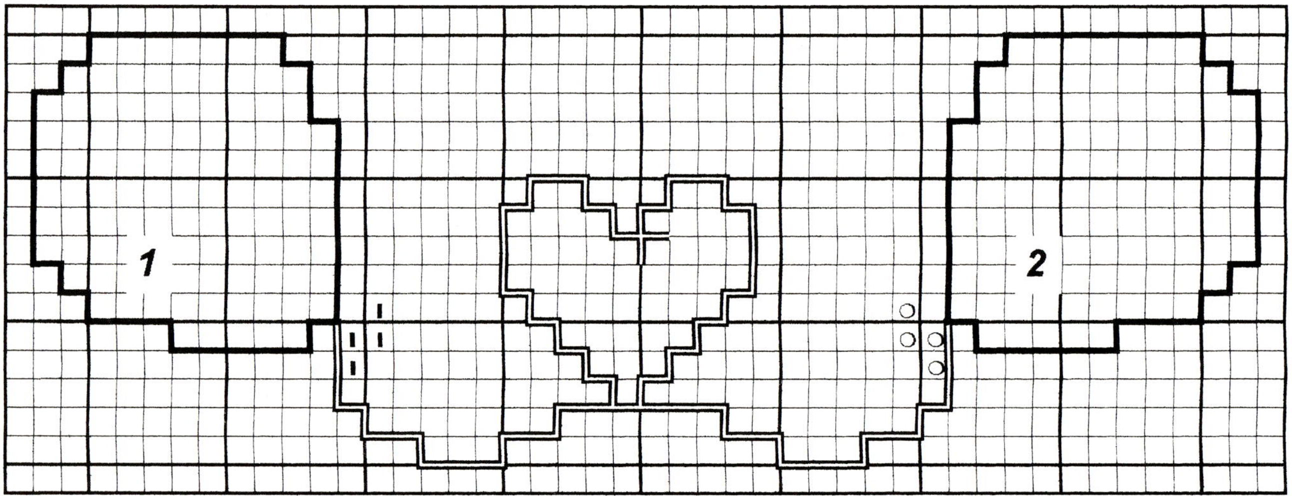

# Froschkönig

Dieser Motivsatz besteht aus drei verschiedenen Einzelbildern. Das linke Bild erzählt von der Weigerung der Prinzessin, den ihr ekligen Frosch zu küssen. Doch sie möchte unbedingt ihren goldenen Ball wiederhaben, den der Frosch ihr aus dem Brunnen holte. So beugt sie sich nieder (Bild 2), um ihr Versprechen einzulösen. Und oh Wunder: Aus dem ekligen Frosch wird ein wunderschöner Prinz (Bild 3). Der Froschkönig gehört zu den ältesten und bekanntesten deutschen Märchen der Gebrüder Grimm. Obwohl diese Geschichten ungefähr 160 Jahre alt sind, haben sie nichts an ihrer Attraktivität mit Lerncharakter eingebüßt. Als bereits Erwachsener erscheinen uns manche Einzelheiten recht grausam beschrieben. Doch die Neufassungen sind dem heutigen Sprachbild angepaßt worden. Durch die recht abstrakten Darstellungen (Königstochter, Riesen, ...) wird den Kindern bewußt, daß es phantastische Geschichten sind. Fertigmaß: 5,8 x 32,4 cm.

Die Motive können in der Breite verschoben werden. Das angegebene Längenmaß bezieht sich auf die hier abgebildete Gesamtlänge. Material: Borte im Aida-Stil mit vorgewebtem rosafarbenen Rand und Sticktwist in den Farben Orangegelb, Haut, Flieder (hell), Grün, Schwarz, Lila und Fuchsia.Sticken Sie nach Zeichenschrift zweifädig im Kreuzstich über je ein Gewebekästchen. Die Konturen der Prinzessin und die des Prinzen (dargestellt durch die Doppellinie) werden in Lila gesteppt, die des Frosches in Schwarz (dicke Linie).

Zeichenerklärung:

| | | |
|---|---|---|
| 1 u. ● | = | orangegelb |
| 2 u. ▌ | = | haut |
| 3 | = | flieder (hell) |
| 4 u. I | = | grün |
| 5 u. ■ | = | schwarz |
| ✪ | = | lila |
| ❍ | = | fuchsia |

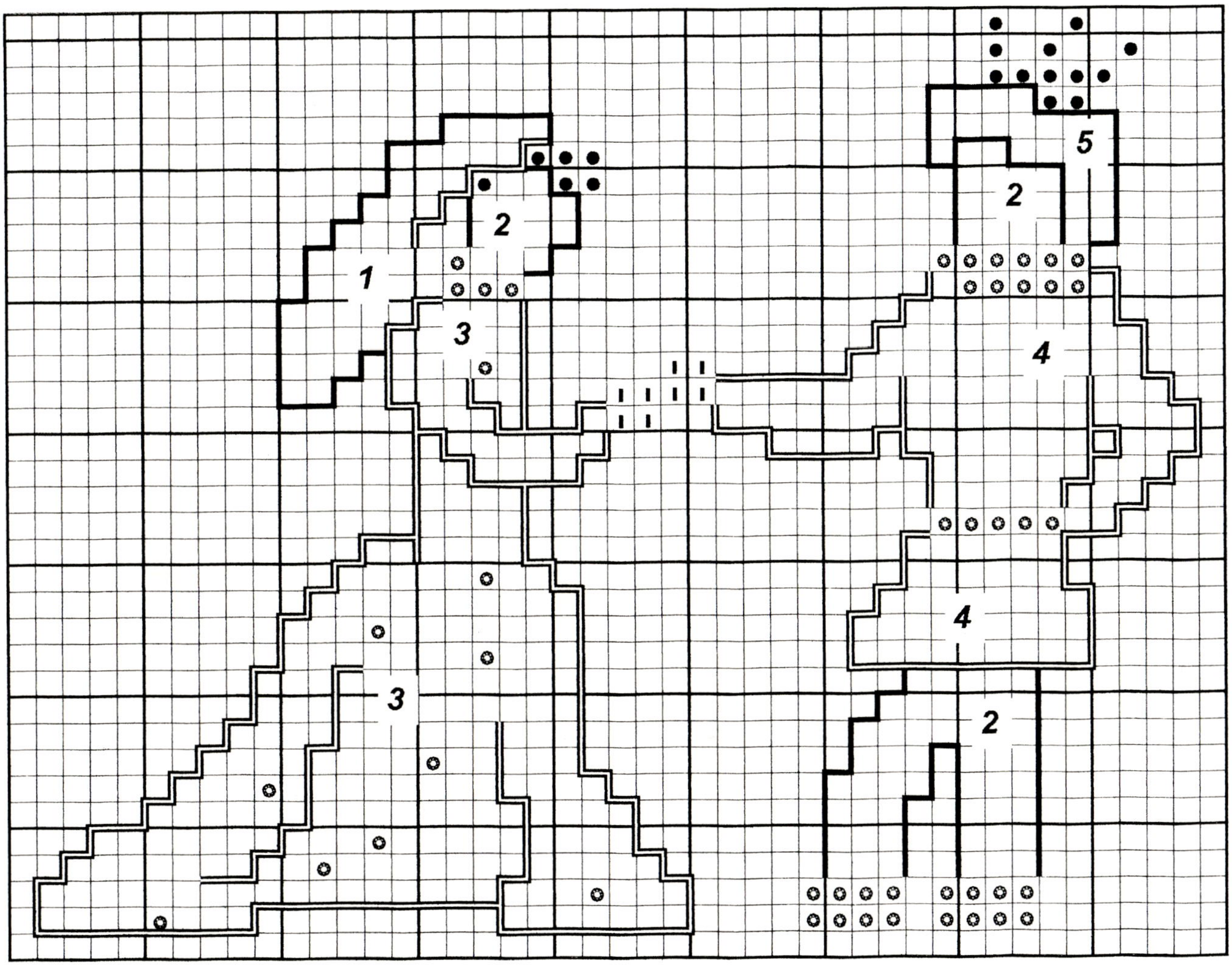

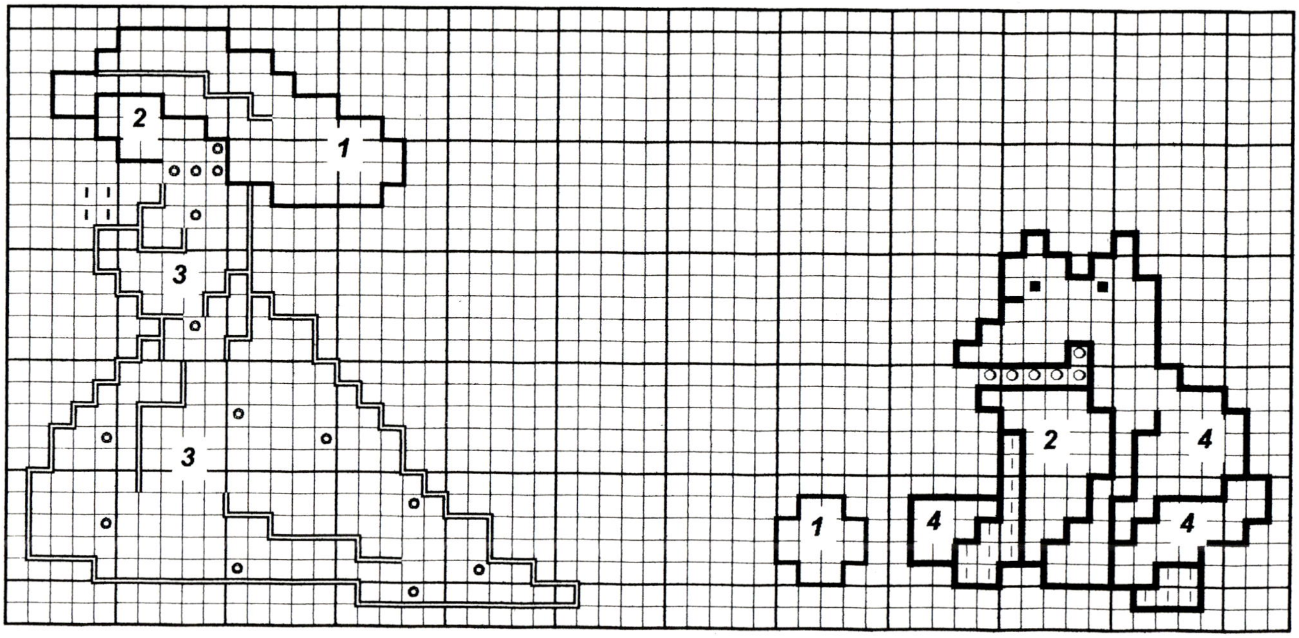
2
1
3
3
1
4
2
4
4

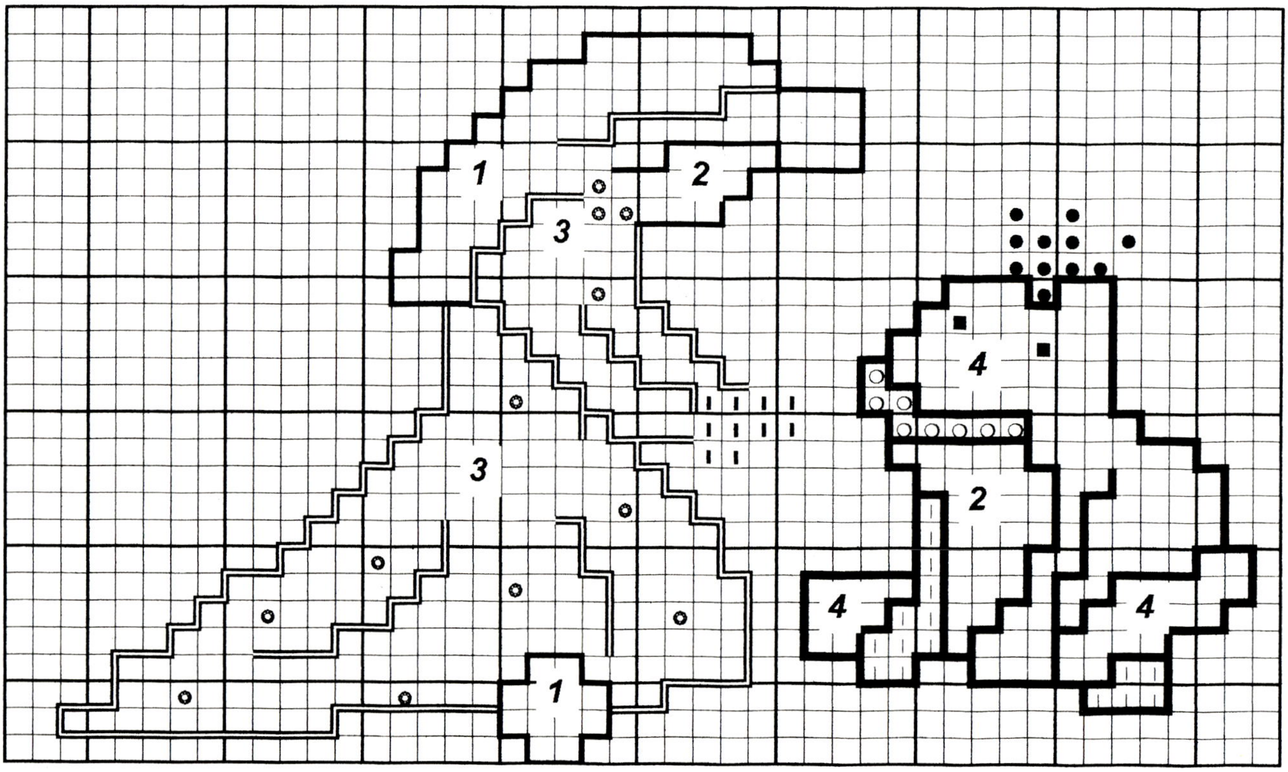
1
2
3
4
3
2
4
4
1

# Goldene Gans

Ein recht einfältiger, aber sehr gutmütiger junger Mann teilte sein Brot mit einem hungrigen kleinen Männchen.
Zum Dank bekam er eine goldene Gans geschenkt. Die beiden Töchter seines Wirtes wollten sich eine Feder herausrupfen, doch sie klebten an der Gans fest und mußten in dieser mißlichen Lage dem jungen Mann folgen. Das wiederum fand der Pfarrer recht unschicklich. Er faßte ein Mädchen an den Arm, um es zurückzuziehen und ... klebte ebenfalls fest. Das gleiche Schicksal ereilte den Küster und zwei Bauersleute. So kam diese merkwürdige Menschenschlange am Schloß eines Königs vorbei, dessen tieftraurige Tochter bei dem Anblick herzhaft lachen mußte. Da bekam der Jüngling die Prinzessin zur Frau, und wenn sie nicht gestorben sind, dann leben sie noch heute.
Fertigmaß: 4,5 x 28,8 cm
Material: 10er Leinen-Borte mit fliederfarbener vorgewebter Kante und Sticktwist in den Farben Dunkelblau, Türkis (hell), Grau, Schwarz, Braun, Flieder (dunkel), Grün, Fuchsia, Sonnengelb, Haut und Hellgelb.
Arbeiten Sie nach Stickschrift zweifädig über je 2 x 2 Gewebefäden im Kreuzstich. Der eingezeichnete Steppstich (Doppellinie) wird in Schwarz gestickt.

Zeichenerklärung:

| | | |
|---|---|---|
| 1 u. l | = | dunkelblau |
| 2 u. ▌ | = | türkis (hell) |
| 3 u. ✪ | = | grau |
| 4 u. ■ | = | schwarz |
| 5 u. ❑ | = | braun |
| 6 u. ❍ | = | flieder (dunkel) |
| 7 u. ● | = | grün |
| 8 u. ▼ | = | fuchsia |
| ◆ | = | sonnengelb |
| ✲ | = | haut |
| ▲ | = | hellgelb |

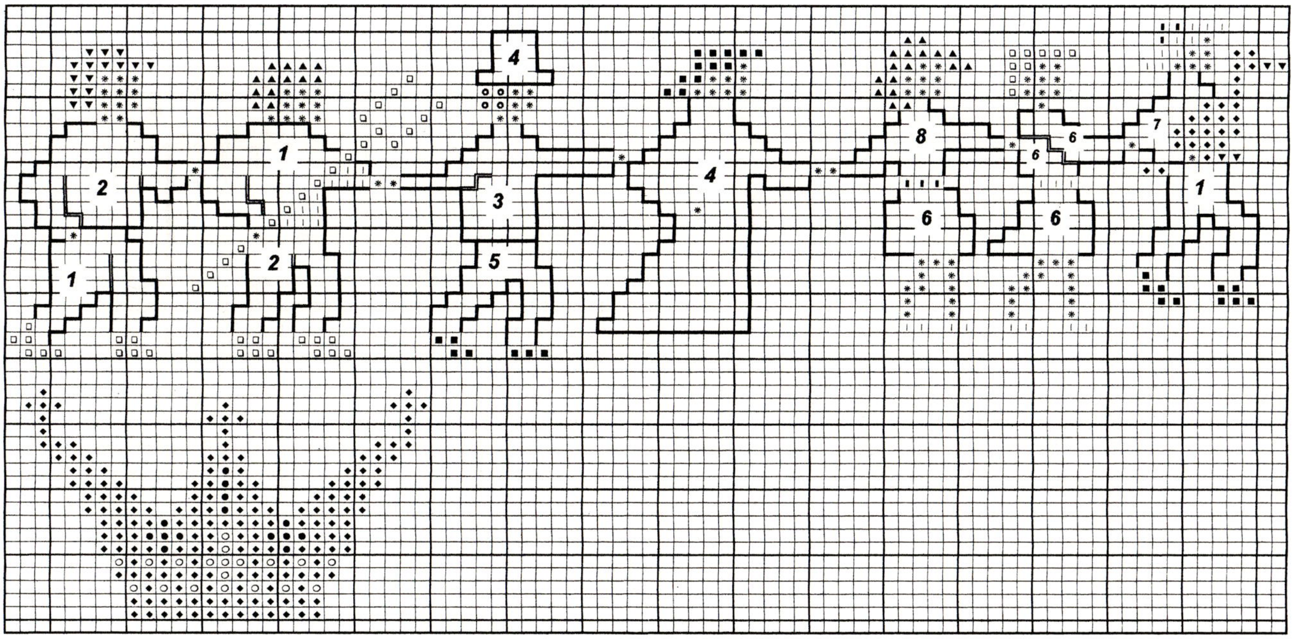

# Schleifen

Bestickte Schleifen sind vielseitig verwendbar. Sie können auf einem Geschenk befestigt werden, an einen Sommerhut oder ein Kinderkleid genäht werden, eine Dose verzieren, als Brosche angesteckt werden oder als Haarspange (Halterungen im Bastelbedarf erhältlich) genutzt werden.
Borten sind in den unterschiedlichsten Breiten erhältlich und je nach Verwendungszweck zu wählen. Viele Einzelmotive in diesem Buch können für eine Schleifenverzierung genutzt werden, wenn Ihre Borte etwas breiter ist. Für die schmalsten möchte ich Ihnen zusätzlich vier Motive anbieten.

## Schleifenherstellung

Zuallererst legen Sie den Stoff zu einer Biedermeierschleife, um die Länge zu bestimmen:

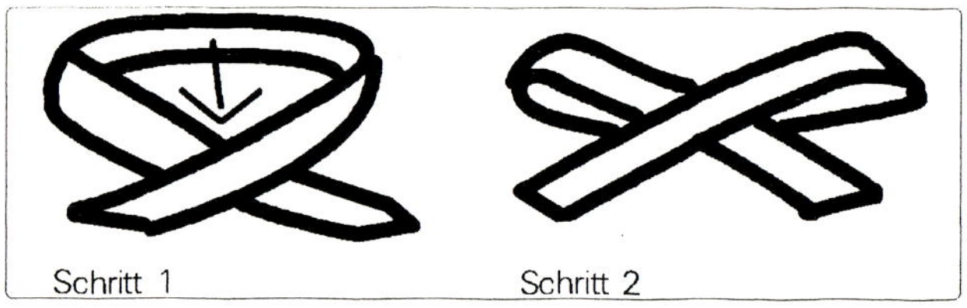


Nun können Sie die Enden befestigen:

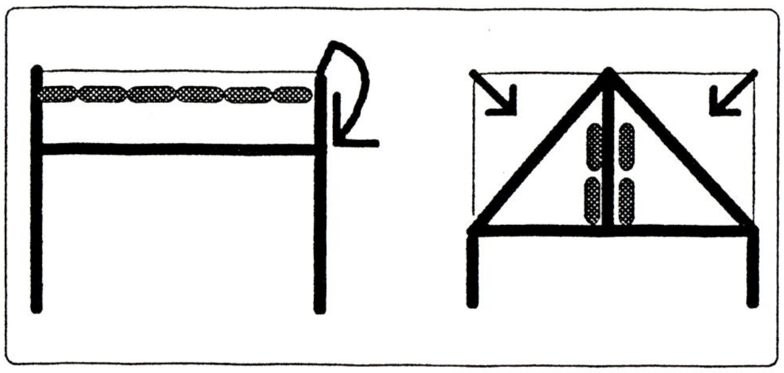

Schlagen Sie Ihre Borte ca. 0,5 cm um und nähen Sie diesen Rand durch Steppstiche fest. Die Ecken werden zur Mitte geschlagen und ebenfalls zusammengenäht: Fassen Sie abwechselnd zwei Fäden der rechten und der linken Kanten auf, und stechen Sie dabei immer in das Ausstichloch des vorhergehenden Stiches. So entsteht eine unsichtbare Naht.
Nach dem Sticken der Motive wird das Band gebügelt und am besten gestärkt, damit der Stoff Halt bekommt. Legen Sie nochmals eine Biedermeierschleife und befestigen Sie die Mitte durch ein paar Nähstiche. Mit einem Sticktwistfaden raffen Sie die Mitte zusammen, so daß die Nähstiche nicht mehr zu sehen sind. Ganz nach Geschmack können Sie es bei diesem Sticktwistfaden belassen oder aber ein schmales Taft-, Satin-, Schrägbändchen o. ä. darüberlegen (siehe Foto Seite 61 oben).

## Sonnenblume

Material: 38 cm weiße Aida-Borte mit zehn Gewebekästchen und Sticktwist in den Farben Gelb, Sonnengelb, Braun und Hellgrün. Die oben abgebildete Schleife zeigt die rückwärtige Verarbeitung. Sticken Sie nach Stickschrift zweifädig über je ein Gewebekästchen im Kreuzstich. Der eingezeichnete Steppstich (Doppellinie) wird einfädig in Braun gearbeitet.

Zeichenerklärung:

| | | |
|---|---|---|
| ❍ | = | gelb |
| ▮ | = | sonnengelb |
| ■ | = | braun |
| ◆ | = | hellgrün |

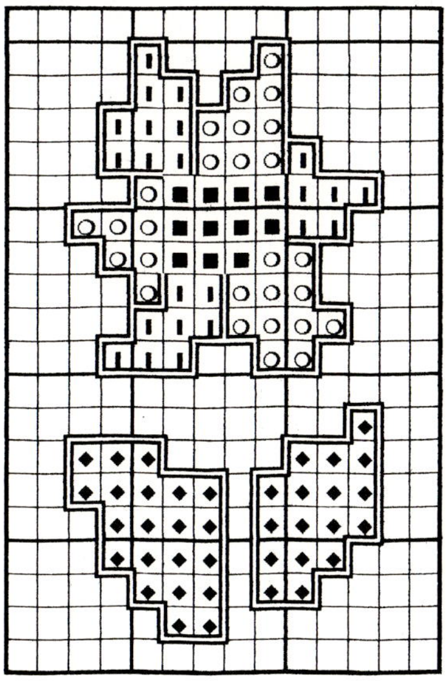

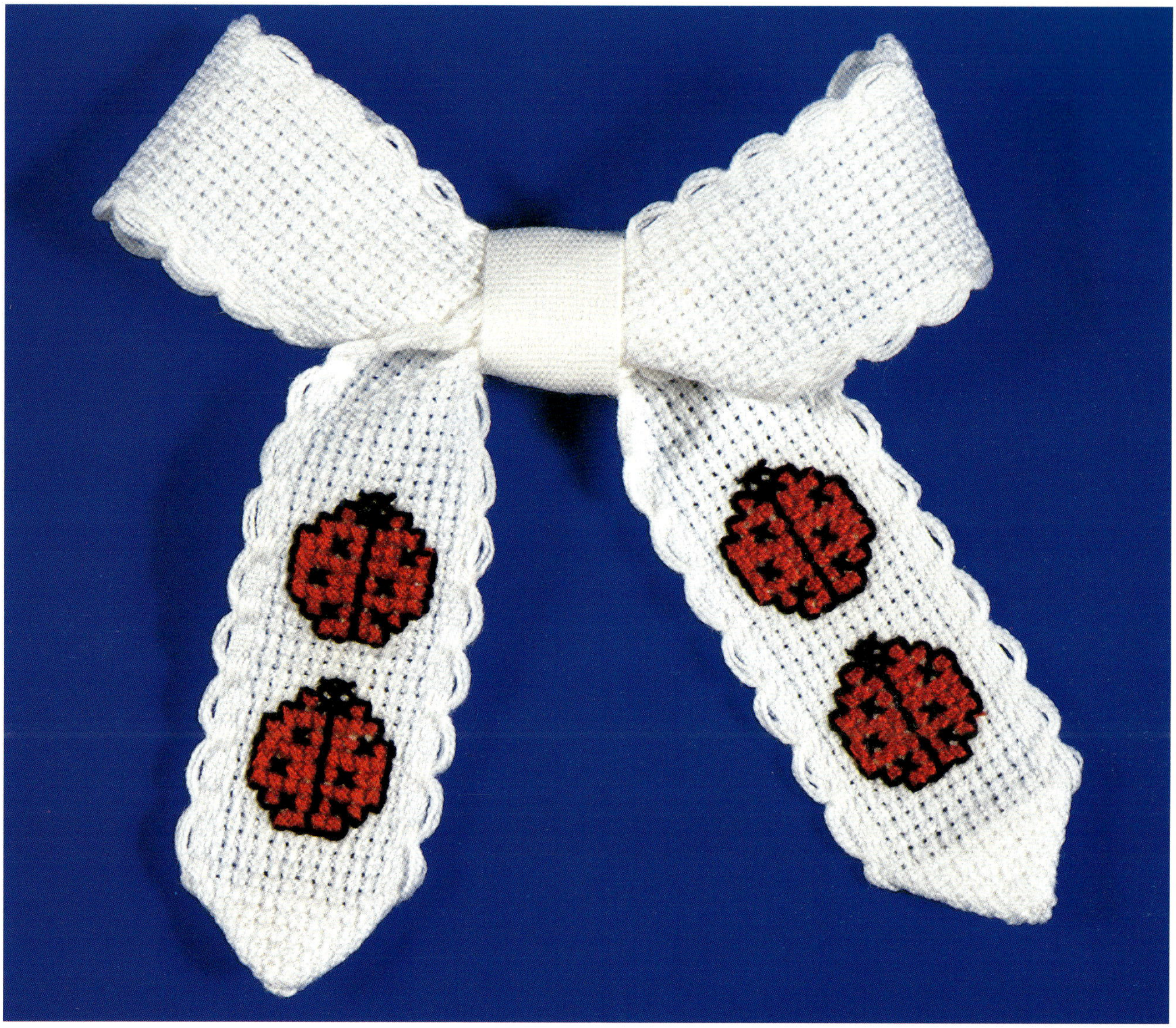

## Marienkäfer

Material: 38 cm weiße Aida-Borte mit zehn Gewebekästchen und Sticktwist in den Farben Rot und Schwarz.
Sticken Sie nach Stickschrift zweifädig über je ein Gewebekästchen im Kreuzstich. Der eingezeichnete Steppstich (Doppellinie) wird zweifädig in Schwarz gearbeitet.

Zeichenerklärung:

| | | |
|---|---|---|
| I | = | rot |
| ■ | = | schwarz |

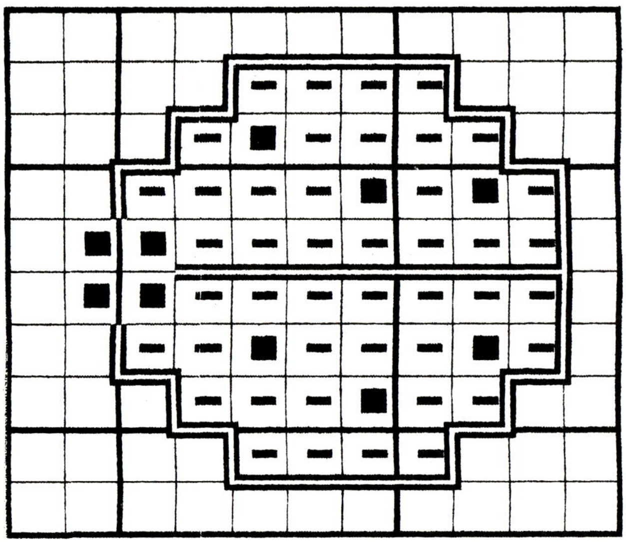

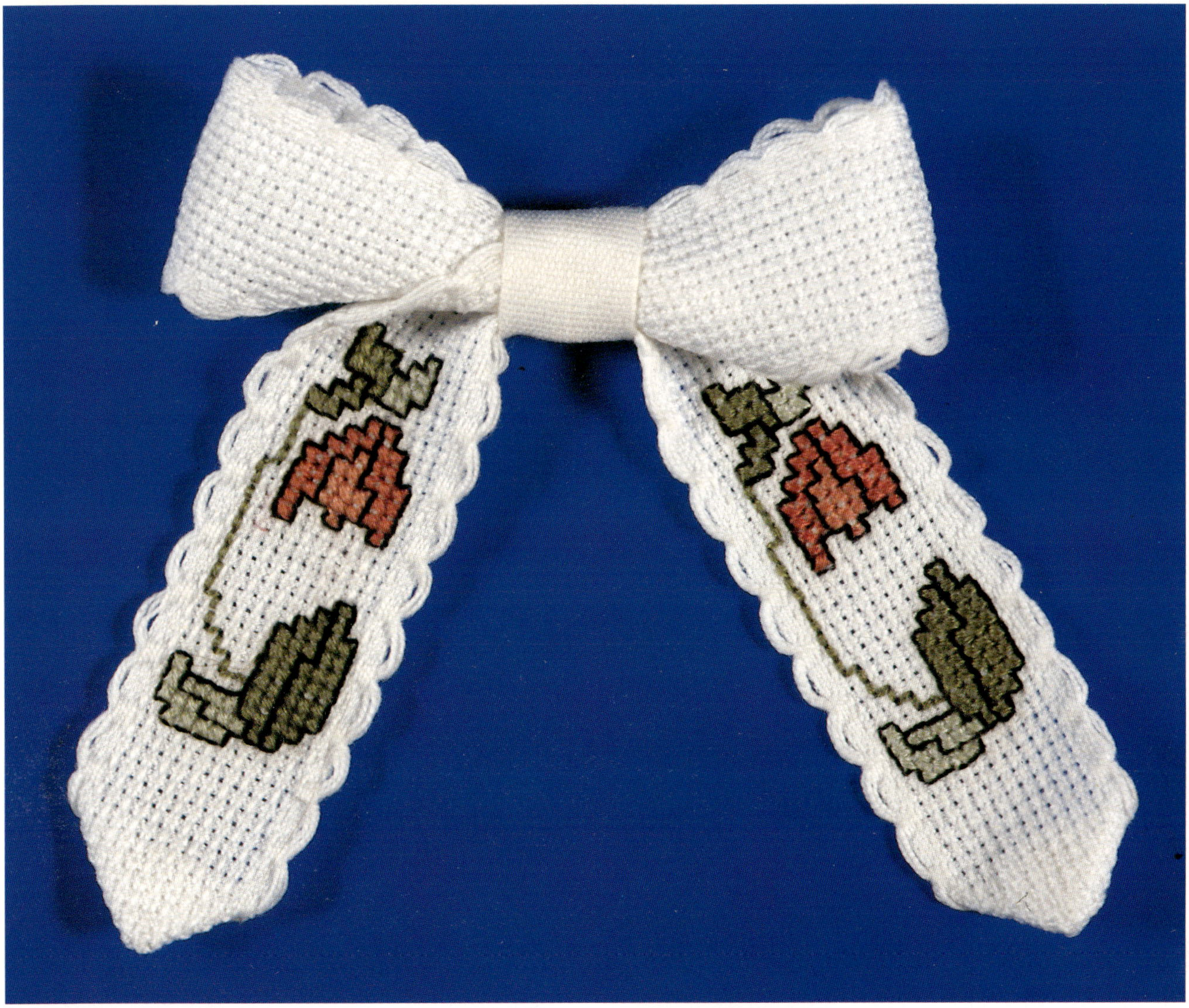

# Glockenblume

Material: 38 cm weiße Aida-Borte mit zehn Gewebekästchen und Sticktwist in den Farben Hellgrün, Grün, Pink, Rosa und Schwarz.

Sticken Sie nach Stickschrift zweifädig über je ein Gewebekästchen im Kreuzstich. Der durch die dicke Linie markierte Steppstich wird zweifädig in Grün gearbeitet, der durch die Doppellinie markierte Steppstich einfädig in Schwarz.

Zeichenerklärung:

| | | |
|---|---|---|
| I | = | hellgrün |
| ◆ | = | grün |
| ❍ | = | pink |
| ● | = | rosa |

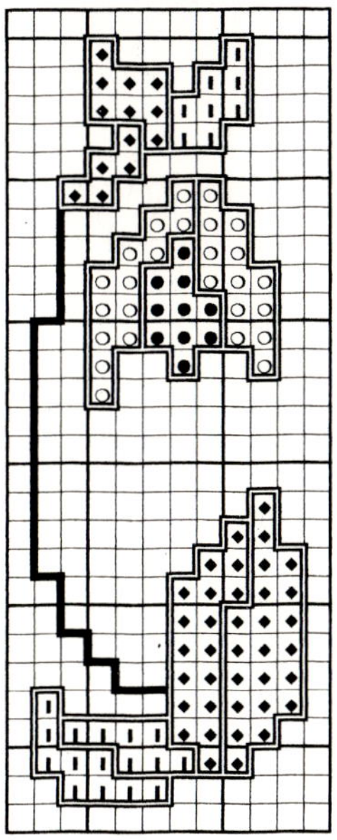

# Schmetterling

Material: 38 cm weiße Aida-Borte mit zehn Gewebekästchen und Sticktwist in den Farben Gelb, Dunkelblau, Blau, Rosa und Schwarz.
Sticken Sie nach Stickschrift zweifädig im Kreuzstich über je ein Gewebekästchen. Der eingezeichnete Steppstich (Doppellinie) wird einfädig in Schwarz gearbeitet.

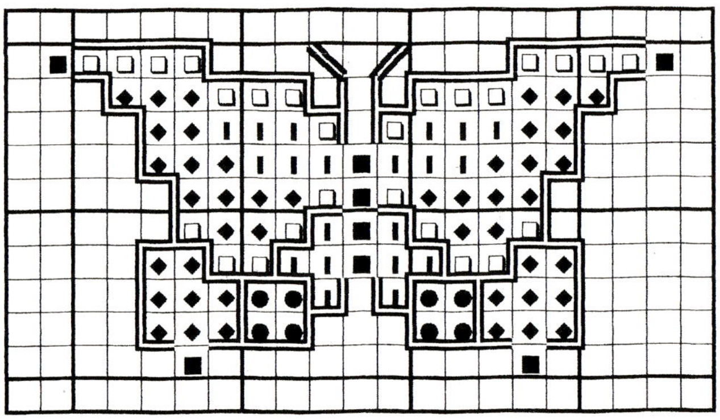

Zeichenerklärung:

| | | |
|---|---|---|
| ◆ | = | gelb |
| ❏ | = | dunkelblau |
| ● | = | blau |
| ❙ | = | rosa |
| ■ | = | schwarz |